Jorge Amado
Meu tio

ROBERTO AMADO

A498j   AMADO, Roberto
          Jorge Amado, meu tio. Roberto Amado. – São Paulo : IBRASA, 2021.

              320 p. (Literatura).
              ISBN 978-85-348-0383-0

              1. Literatura. 2. Memórias. 3. AMADO, Jorge. I. Título. II. Série.

                              CDU 82-94

Vivian Riquena CRB 8/7295

Índice para catálogo sistemático:
 Literatura: 82
 Memórias: 82-94

Jorge Amado
Meu tio

ROBERTO AMADO

2ª EDIÇÃO

São Paulo | 2021

IBRASA - Instituição Brasileira de Difusão Cultural Ltda.
São Paulo / SP

© Direitos desta edição reservados à

IBRASA

Instituição Brasileira de Difusão Cultural Ltda.
Rua Ouvidor Peleja, 610 – Tel. (11) 3791.9696
e-mail: ibrasa@ibrasa.com.br – home page: www.ibrasa.com.br

Copyright @ 2021 by
Roberto Amado

Nenhuma parte desta obra poderá ser reproduzida, por qualquer meio, sem prévio consentimento dos editores. Excetuam-se as citações de pequenos trechos em resenhas para jornais, revistas ou outro veículo de divulgação.

Fotos diversas:
Banco de Imagens Família Amado

Capa & Editoração:
@armenioalmeidadesigner

Revisão:
Beatriz Vieira Moura

Publicado em 2021

IMPRESSO NO BRASIL | PRINTED IN BRAZIL

Sumário

Dedicatória 9

Prefácio 11

Antes de mais nada 15

Capítulo 1
    O lançamento de Dona Flor 17

Capítulo 2
    Literatura 31

Capítulo 3
    Os bichos 45

Capítulo 4
    Os palavrões 57

Capítulo 5
    Os Amados 61

Capítulo 6
    Celebridades 75

Capítulo 7
    Encontros no exterior 89

Capítulo 8
    A fazenda 103

Capítulo 9
   Com meu pai 115

Capítulo 10
   Zélia Gattai – Tia Zélia 127

Capítulo 11
   Os Comunistas 141

Capítulo 12
   No Exílio 153

Capítulo 13
   Idealismo e romantismo 165

Capítulo 14
   A Volta 181

Capítulo 15
   Bahia 193

Capítulo 16
   Prosperidade 209

Capítulo 17
   Vô João e Lalu 221

Capítulo 18
   O Golpe 239

Capítulo 19
   Ser Escritor 253

Capítulo 20
   Morte 269

QRCode - Vídeo Jorge Amado 283

Túnel do Tempo - Fotos inéditas 285

Dedicatória

Quase todo mundo tem tios que frequentemente trazem boas lembranças.

Quero dedicar esse livro a três tios inesquecíveis. Em primeiro lugar, àquele por quem tive afeto e admiração mais do que ao escritor, tio Jorge. Ao tio James, também irmão do meu pai, entre os Amados aquele com quem mais me identifiquei, por sua inteligência e carisma. E a minha tia Nica, Melanie Farkas, irmã da minha mãe, mulher excepcional de quem pude desfrutar o privilégio de seu restrito afeto e inteligência. Tios, todos eles, ligados pela literatura.

E já que é um livro familiar, quero também dedicá-lo a meus pais. À minha mãe, que me conduziu ao mundo da literatura, e ao meu pai, que me mostrou que nunca é tarde para tomar decisões fundamentais na vida, como, por exemplo, escrever este livro.

E, como sempre, Filipe e Isabela, eternamente, Amados.

Prefácio

Meu primo Roberto Amado.

Li *"Jorge Amado meu tio"*, estas memórias carinhosas de Roberto Amado, meu primo Roberto Amado, com imenso prazer. Reafirmo aqui nosso parentesco, mesmo que um pouco forçado. Os Amado e os Ramos sempre fizeram questão de explicitarem tal consanguinidade, mesmo que fictícia, até como homenagem aos laços entre Graciliano e Jorge, iniciados em um passado distante e fortalecidos com o tempo. Minha tia Luiza, filha do escritor alagoano, meu avô, é viúva de James, irmão mais novo do romancista baiano. É tia do Roberto, sou também sobrinho de Tenente, forma carinhosa de Lalu chamar o caçula. Fernanda, herdeira dos dois, é nossa prima. Tudo isso, e muito mais, está explicado no texto em que vocês irão mergulhar.

As recordações do Bob reverberam em mim. Viajo no tempo e me vejo adolescente na casa do Rio Vermelho, rua Alagoinhas, 33, local tantas vezes frequentado por minha família nas férias de verão. Jorge, short e camisa florida, está no cadeirão, centro da sala, é ainda cedo, manhãzinha quente soteropolitana. Ele acena quando chegamos, mas continua ao telefone, tem Calá – o artista plástico Calasans Neto, como interlocutor. Ri, gesticula, demonstra extremo prazer com o diálogo. Frequentemente o vi em tal situação. Com Merabeau Sampaio, Caribé, Mário Cravo, Jenner, João Ubaldo, Dorival Caymmi, gente olhada com desconfiança por Dona Eulália, a matriarca Lalu, sempre ela, invariavelmente servindo-se de tiradas bem-humoradas:

– Na Bahia ninguém trabalha. Aqui todo mundo é artista!

Convivi com Joelson, meu pediatra, Fanny, Paulo, André, frequentei o apartamento do bairro de Higienópolis. Mais próximo ao Paulo, quase da minha idade, um de meus amigos de juventude, cresci junto aos Amado "paulistanos". Acompanhei o ingresso do Roberto no mundo literário. Nós dois carregando o peso de famílias famosas no campo da escrita. Custei mais a lançar meu primeiro livro, só o fiz aos 38 anos, depois de postergar ao máximo a estreia. O Bob foi mais corajoso, conseguiu publicar jovem. Ele desvencilhou-se da Biologia, eu da Matemática, armadilhas que nos impusemos e nos atrasaram. Ambos fizemos mestrado e doutorado posteriormente na USP, área de Letras. Caminhos próximos. Ele estudando Jorge Amado, seu tio, eu Graciliano Ramos, meu avô.

"*Jorge Amado meu tio*" é leitura fascinante. Digna deste autor finalmente, e cada vez mais, respeitado pela academia. Quem admira Jorge Amado e tem curiosidade por ele, encontrará informações saborosas, poderá aproximar-se do seu cotidiano e entender melhor a trajetória criativa de quem se fez um de nossos mais importantes romancistas.

Compreenderá as opções do escritor e a transformação política sofrida por ele. Enxergará nitidamente o militante apaixonado pela vida, por sua terra, filhos, e por Zélia Gattai. Verá o homem sempre pronto a ajudar os amigos, atento às necessidades de cada um, generoso. Descobrirá, por fim, a faceta particular aqui descrita, a do tio amigo, brincalhão, indiscreto, interessado, preocupado em apontar caminhos, ouvir. Se por um lado Jorge Amado foi uma presença certamente incômoda em muitos momentos para o escritor Roberto Amado, tanto quanto Graciliano Ramos vem sendo para mim, há que se reconhecer que a afetividade mostrada na edição aqui presente deixa evidente um saldo positivo. Quem se dispuser a conferir, passará momentos agradáveis, tenho certeza.

    Ricardo Ramos Filho
    Outubro/2021

Antes de mais nada

Esta não é uma biografia. Longe disso. Biografias exigem uma outra dinâmica de execução: é preciso pesquisar muito, documentar, conferir, entrevistar e ser absolutamente isento ao reportar os fatos (o que é bastante difícil). Há muitas biografias de Jorge Amado, feitas por autores competentes que, na maioria dos casos, mal conheceram o autor, ou tiverem contatos ligeiros.

Este é um livro de memórias. Memórias minhas, só minhas: fatos, situações, passagens, conversas, conflitos e, sim, também estudos e pesquisas que eu realizei. E o centro dessas memórias, nessa obra, é Tio Jorge, expandindo-se para a família Amado e até para circunstâncias históricas que envolveram esses personagens, inclusive eu mesmo. É, enfim, uma história que me pertence e que foi materializada nesta obra para atender a pedidos de tantos, mas, principalmente, por puro prazer de reportar as situações que vivi com esse Amado tio. Confesso, surpreso, que me emocionei muito mais do que esperava. Tive o privilégio de conviver por mais de 40 anos com este tio fascinante e, por extensão, com toda a família Amado, uma família marcada pela compreensão humana, pela afetividade, pelo humor e criatividade. Alguns dos fatos narrados nessa obra já são de conhecimento público. Mas a maioria deles só pode ser encontrada neste texto, porque é fruto exclusivo das minhas experiências – algumas delas publicadas em artigos, contadas em palestras, comentadas em aulas, em encontros entre professores, amigos e alunos. Verdade que a memória é fugidia, traiçoeira, inventiva, descomprometida. Memórias se confundem com a ficção e esta é talvez a beleza literária delas. Isso não quer dizer que os fatos aqui narrados não aconteceram. São todos verdadeiros. Apenas são memórias de um autor, exercendo sua autoria, e não um pesquisador atrás da precisão dos fatos. Realidade e ficção são terrenos contíguos nos quais os escritores promovem relações promíscuas. Como ficcionista, jornalista e pesquisador acadêmico mergulhei facilmente nesta "orgia" e confesso ter escrito este livro com um indisfarçável sorriso de canto de boca.

São Paulo, junho de 2021.

Capítulo 1

O lançamento de Dona Flor

Meu pai anunciou que tio Jorge viria em breve para São Paulo passar uma temporada com a gente. Sempre que vinha nos visitar, ficava em nosso apartamento, no bairro de Higienópolis, onde minha família morava – pai, mãe, dois irmãos e eu.

Era uma visita sempre esperada e comemorada. Naquela época, Jorge Amado morria de medo de avião (o que, mais tarde, acabou superando). Dizia ser uma violência à humanidade fazer voar um artefato mais pesado que o ar. Sempre que podia, evitava embarcar naqueles aviões que circulavam na época, anos 1960 – turboélices barulhentos, lentos e trepidantes, se comparados aos jatos que mais tarde surgiriam. Não tinha coragem para tanto. Mas tinha, surpreendentemente, coragem para se lançar de carro na chamada estrada Rio-Bahia, quase dois mil quilômetros de asfalto precário entre Salvador e Rio de Janeiro, em seguida São Paulo, pela Via Dutra. Era uma jornada para poucos.

Mas ele preferia. Para os padrões da época, vinha com o máximo de conforto. Tinha uma Veraneio, carro de grande porte, capaz de oferecer assentos amplos e espaço suficiente para todas as lembranças que ele trazia para nossa família. No bagageiro vinham pelo menos dez quilos de farinha, garrafas de pimenta malagueta em conserva, artesanato baiano, quadros de pintores primitivos, comilanças típicas da Bahia em geral, principalmente frutas, como sapoti, mangaba, umbu, pitomba.... – Para deleite do meu saudoso pai baiano, o venerável Doutor Joelson Amado. Além de tio Jorge e tia Zélia, vinha também o motorista, Seu Aurélio, que o acompanhou durante décadas como um verdadeiro escudeiro. Sim, porque Jorge nunca dirigiu um carro – ou era o Aurélio, com a Veraneio, ou era a Zélia, que desfilava em Salvador conduzindo um velho Peugeot importado, carro de sua paixão.

Pois então vinham os três impávidos e corajosos atravessando os sertões pela Rio-Bahia numa viagem que não poderia demorar menos do que dois dias. Como não era possível desempenhar velocidades altas naquelas estradas (e com aqueles carros) era preciso pernoitar em alguma cidade pelo caminho. Jorge Amado já era naquela época uma celebridade nacional e internacional e, onde quer que estacionasse a seu Veraneio para passar a noite, era recebido com pompa e galhardia por prefeitos, celebridades e autoridades que por acaso se punham no seu caminho. Certamente ele não se hospedava nas pousadas de beira de estrada que acolhiam os motoristas de caminhão em suas longas travessias Brasil afora. Para ele e tia Zélia, e também para o inseparável Aurélio, estava reservada a melhor hospitalidade de anfitriões notáveis das cidades cravadas no caminho – ainda que fossem instalações igualmente modestas, como os pequenos hotéis utilizados pelos motoristas de caminhão. Glutão, ele se atirava em comilanças locais que lhe eram oferecidas como singela homenagem, verdadeiros banquetes servidos com modéstia e simpatia. E suas paradas eram momentos de prazer e confraternização, de novas experiências e, principalmente, de fortalecimento de amizades eternas. E deixava o local prometendo volta, ainda que permanecesse na sua ausência seu indiscutível carisma, bondade e simpatia.

Tio Jorge, nos anos 60, hospedado no apartamento de Higienópolis, dominava a cena até nos momentos mais prosaicos.

Desta vez, era o ano de 1966 (eu tinha dez anos) e o objetivo da viagem a São Paulo, além de ver o querido irmão (e também a querida cunhada e os queridos sobrinhos) era fazer o lançamento do livro "*Dona Flor e Seus Dois Maridos*" – obra que foi um dos seus maiores *best sellers* no Brasil e no mundo.

Naquela época, Jorge Amado era autor da Livraria Martins Editora (não confundir com a editora Martins Fontes), fundada por José de Barros Martins, um amante da literatura que publicava as obras de Amado desde os anos de 1940.

A editora ficava na rua da Quitanda, no Bexiga, uma modesta instalação que, durante décadas, publicou algumas obras inesquecíveis da literatura brasileira – não só Jorge Amado, mas também Graciliano Ramos, Manuel Antônio de Almeida e José de Alencar. Edições caprichadas, feitas com amor e fé, e algumas vezes ilustradas por artistas de primeiro time, como Anita Malfatti e Clóvis Graciano.

A ligação de tio Jorge com o Martins era forte o suficiente para recusar os inúmeros convites e oportunidades de outras editoras, com promessas de acordos financeiros melhores e maior penetração no universo mundial da literatura. Jorge Amado mantinha-se leal e fiel ao amigo e editor, com o qual repartia momentos de laser amistoso, almoços e festas em São Paulo – ainda que, à boca pequena, comentava-se que Martins pressionava Jorge Amado a publicar livros para que ele pudesse viajar à Europa e trocar de carro. Eram comentários maldosos, com certeza, e não faziam justiça à amizade afetuosa que ambos nutriam entre si.

A verdade, no entanto, é que tio Jorge estava vindo a São Paulo atarefado. Havia já um cronograma para o lançamento do livro e ele ainda não havia revisado as provas. Depois era preciso imprimir e fazer o lançamento – um acontecimento importante, ocasião em que a imprensa se alvoroçava em torno do autor e da obra e a venda dos livros se multiplicava. A perspectiva é que ele ficasse em São Paulo até o lançamento, ou seja, perto de dois meses.

E isso na nossa casa.

Nem se cogitava outra opção. Morávamos num apartamento confortável, de três quartos, em Higienópolis, bairro de classe média de São Paulo e, ainda que não fosse um grande apartamento, haveria de acomodar todos, como sempre acomodou.

Entre nós, não importava se durante dois meses, ou o tempo que fosse, teríamos um certo desconforto com nossas visitas. Ninguém reclamava disso. Tio Jorge e séquito iluminavam nossa casa de alegria, de histórias e passagens engraçadas, de muita confusão com a imprensa, com estudantes e curiosos, e enfim, a vida se transformava numa festa permanente. Jorge não era apenas uma celebridade admirada e adorada. Era carismático. Por onde ia, as atenções voltavam-se para ele e ele nunca se negava a tratar bem e carinhosamente a todos.

De modo que a bagunça mais uma vez se fez nessa ocasião. E como eu era o mais novo, fui dormir na sala. Tio Jorge e Tia Zélia ficaram no quarto que eu dividia com o meu irmão, que foi para o quarto do meu outro irmão, o mais velho.

Os originais de Dona Flor estavam prontos e entregues ao Martins e entraram em composição. As provas dos originais compostos tinham que passar pela revisão final do autor antes que entrassem em gráfica, e rapidamente, para se cumprir os prazos. Tio Jorge recebeu as provas e diariamente, acomodado na minha cama, lia em voz alta o seu próprio texto para que tia Zélia observasse possíveis correções. Era o que se chamava de revisão batida – ou seja, feita por dois, simultaneamente, um lendo em voz alta e o outro acompanhando.

De vez em quando, depois da escola, eu entrava no meu quarto para pegar alguma coisa, uma roupa ou um material escolar, e encontrava os dois lendo os originais, cada um deitado numa cama, com um certo ar de enfado, por sinal. Eu me detinha alguns minutos, curioso, mas saia rapidamente para não atrapalhar. Em breve, descobri que não atrapalhava e que poderia ouvir o livro ali mesmo no meu quarto.

Mais do que ouvir, tive uma brilhante ideia. Minha mãe era fonoaudióloga e fazia parte do tratamento que dava aos seus clientes acompanhar o que falavam com um gravador. Naquela época, os gravadores eram imensas tralhas que usavam fitas de rolo e poucos tinham aquele aparelho. Então peguei esse gravador e diariamente ia ao meu quarto gravar pelo menos pequenas passagens do livro lidas por meu tio. Não tive muita paciência de fazer gravações longas, de horas. Mas havia trechos que foram conservados em fitas durante décadas, guardados com um certo desleixo no chamado "armário da bagunça" da minha mãe. Até que um dia, sem maiores explicações, ela se desfez do gravador e das fitas, obviamente, porque já haviam aparelhos bem mais modernos e práticos. E com certeza ela nem desconfiava que entre aquelas fitas havia uma, com trechos de Dona Flor falados pelo próprio autor.

A gravação da leitura do livro poderia ser até um documento importante ou curioso, mas o que mais me chamava a atenção e me divertia, eram os comentários que tio Jorge e tia Zélia faziam durante a leitura. Ela na época não era a escritora reconhecida e festejada, era apenas a mulher de Jorge Amado e quando não estava de alguma forma ajudando o seu companheiro, dedicava-se à arte de fotografar, que desenvolveu com surpreendente qualidade fazendo um registro espetacular de imagens do autor. Mais tarde, ela se tornaria Zélia Gattai, autora de vários livros, incluindo "*Anarquistas Graças a Deus*", uma pérola biográfica capaz de emocionar qualquer paulistano.

Naquele momento, no entanto, tia Zélia estava concentrada em "Dona Flor". Era curioso como ela, no meio da leitura, dava palpites e opiniões sobre o enredo do livro. "Mas esse Vadinho é mesmo um sem vergonha", dizia ela. E tio Jorge apenas lançava um de seus olhares típicos, uma graciosa advertência a esse impulso intrometido. A tentação de operar mudanças no enredo dos livros seria de qualquer um e foi o de Zélia por inúmeras vezes, mas sem sucesso. Tio Jorge sempre alegava que não lhe facultava interferir no destino dos personagens, já que eles tinham vida própria e que ele era apenas um instrumento de seus destinos.

Os dois se dedicaram a essa atividade quase um mês. Enquanto isso, a vida não parava. Minha mãe, Fanny Amado, tinha uma parceria curiosa com tia Zélia. Fazer negócios com quadros. Uma antiga vocação de *marchand*, nunca de fato realizada, da minha mãe com a qual tia Zélia se identificou prontamente.

Ocorre que naquela época, em pleno anos 1960, a pintura primitiva estava no auge: grandes pintores proliferavam no Nordeste onde produziam quadros para um mercado de arte bastante razoável. Entre esses pintores, havia dezenas de baianos cujas obras estavam valorizadas no Sul. Tia Zélia abarrotou a Veraneio de quadros, já contando com um sucesso de vendas e um lucro promissor junto à sua concunhada, minha mãe. Talvez não tenham feito esse sucesso todo, mas foi bastante interessante, no meio da balbúrdia provocada por Jorge Amado, ver diariamente as paredes do nosso apartamento completamente forradas de quadros primitivos numa espécie de exposição permanente.

À medida em que se aproximava o lançamento de Dona Flor, a confusão em casa aumentava. No começo, poucos sabiam que Jorge Amado estava em São Paulo. O telefone tocava bastante, mas com pausas confortáveis. As visitas vinham e iam embora de maneira discreta e o ritmo da casa não era tão intenso. Tio Jorge recebia todo mundo, não exatamente com prazer, mas sempre com um ar bonachão e preguiçoso, usando bermudas e camisas floridas adequadas para um luau havaiano. Com o passar do tempo e a proximidade do lançamento, a movimentação aumentou. O telefone não parava de tocar e, às vezes, era preciso deixá-lo fora do gancho para ter alguns minutos de paz. Tio Jorge não mudava o comportamento. Verdade que às vezes reclamava do assédio, mas na maior parte do tempo divertia-se com as situações. Ele riu muito, para minha surpresa, quando certa vez atendi ao telefone e, como sempre, era alguém que procurava o escritor famoso. Então eu encerrei a conversa declarando: "Jorge Amado sou eu". A brincadeira só rendeu piadas, nem mesmo uma "bronquinha" padrão.

Para uma criança que nessa época tinha nove, dez anos, tio Jorge era o tio perfeito. Era divertido, engraçado, carinhoso e sempre inventava umas histórias que rapidamente viravam folclore familiar. Ele se deliciava com uma cena do meu irmão na qual perguntaram para ele: "Como vai?", um cumprimento de simples formalidade. Ao que ele responde: "Não vou!" – uma manifestação qualificada pelo escritor como "esplêndida grosseria" ou "grossura impecável". Fazia desse evento um motivo para rir e criar as mais variadas piadas. Era também um tio dos mais generosos. Toda vez que vinha a São Paulo, repetia o mesmo gesto: oferecia às crianças (meus irmãos e eu) um presente sem limites. Ou seja, nos levava a uma loja de brinquedos (naquela época, a mais badalada era a Moderna, que ficava na Rua Augusta) e liberava: podem escolher qualquer coisa, enfatizando a "qualquer coisa". Foi nessas situações que acumulei meus brinquedos favoritos, os melhores, os mais caros.

Mas não era essa a principal qualidade de tio que Jorge Amado tinha. Crianças até 16 anos eram, nessa época, cidadãos de segunda categoria – ainda que afirmar isso soe um tanto exagerado. Ou seja, ninguém prestava muita atenção nelas, que tinham apenas que cumprir suas obrigações escolares e fisiológicas e permanecerem o mais discretas possíveis, sem direito a muitas opiniões ou intervenções.

Mas com tio Jorge era diferente. Ele prestava atenção nas crianças, dialogava com elas, estabelecia uma relação produtiva e podia até mudar de opinião sobre algum assunto caso a argumentação do pequeno fosse convincente. Pode parecer pouco, mas naquela época, um adulto se interessar assim pelas crianças era muito raro.

Essa sensibilidade com o universo infantil está muito bem representada em "*O Menino Grapiúna*", a única biografia de Jorge Amado, no sentido mais técnico. O livro conta as histórias que o autor passou durante sua infância em Ilhéus, e que marcaram profundamente a essência literária do escritor.

Mas Jorge Amado não tinha comportamento infantilizado com as crianças. Ao contrário. O que era de mais valor na sua genuína dedicação aos sobrinhos, por exemplo, consistia na maneira adulta e natural com que ele se relacionava com os pequenos, como se a diferença de idade não representasse nenhuma barreira. Não era só uma questão de atenção, mas de cumplicidade, que estava nos gestos, nos olhares, na identificação conjunta do momento.

A essas alturas, o mais marcante era o sentido de família que essa longa convivência fortaleceu. Era como se estivéssemos todos juntos a vida toda, tal era a harmonia, a boa convivência e o compartilhamento das experiências que todos nós usufruíamos. A agitação provocada pela celebridade incorporou-se ao cotidiano da casa. E, apesar de ser constantemente solicitado, tio Jorge e tia Zélia estavam sempre muito presentes entre nós – nas refeições, nos programas de lazer, nos eventos familiares em geral. Jorge Amado e Zélia Gattai cultivavam muito as relações familiares, davam valor a elas acima de tudo.

Esse fato pode ser que tenha criado uma espécie de ciúmes, ainda que pouco perceptível, na família Amado de São Paulo, ou seja, meus pais, meus irmãos e eu. Era como se eles fossem propriedade nossa em solo paulistano. De modo que algumas manifestações de admiração pelo escritor, em locais públicos principalmente, eram vistas, por nós, com uma certa antipatia e desprezo. Tio Jorge enfrentava essas manifestações com nobreza e paciência, sempre solícito e atencioso, mas no fundo a gente sabia que ele se sentia muitas vezes incomodado.

Acontecia em várias situações, como quando saíamos em família para jantar fora. Tio Jorge gostava muito do restaurante Bongiovani, que ficava na rua Augusta, esquina com a Praça Roosevelt, e servia massas caprichadas e suculentas, bem ao gosto do glutão que era. Sentávamos numa daquelas grandes mesas centrais, recebendo todas as mesuras de Giovanni, o dono, orgulhoso de brilhar os olhos com a visita ilustre. Cobria a mesa de acepipes os mais deliciosos e, invariavelmente, mandava o pequeno grupo de músicos, grandes performáticos da tarantela, fazer a trilha sonora do nosso jantar. E a primeira música da lista era a Modinha para Gabriela ou qualquer outra ligada à obra dele. Nós, da família paulistana, ouvíamos com o nariz torcido, enquanto tio Jorge mantinha-se cortês como um lorde inglês, ainda que no fundo fosse um baiano debochado. E ainda por cima, não podia deixar de haver uma pequena fila de clientes do restaurante momentaneamente interessados mais em conseguir um autógrafo do que apreciar as massas do Giovanni.

Isso era uma constante, principalmente porque tio Jorge e tia Zélia gastavam boa parte do tempo (e, suponho, do dinheiro) em compras variadas. Naquela época, Salvador era uma cidade média, pouco desenvolvida e com opções de consumo limitadíssimas. Estar em São Paulo era uma oportunidade única para satisfazer alguns desejos de consumo, como livros, discos, roupas, presentes variados. E em todos os lugares em que o casal ia, muitas vezes com os sobrinhos e os parentes de São Paulo, a comoção era a mesma. Certamente esse foi uma das fases mais populares de Jorge Amado: Gabriela, lançado em 1958, era ainda um sucesso nacional e internacional. A personagem do livro materializou-se e deu nome e conteúdo a vestidos floridos e exuberantes, pratos baianos apimentados, atitudes debochadas e femininas e há toda uma geração de meninas que ganharam o nome de Gabriela em homenagem à protagonista do livro – cuja venda, nas duas primeiras semanas do lançamento, atingiu 75 mil exemplares, provavelmente um recorde mantido até hoje. Jorge Amado, que já era bem famoso, passou a ser acompanhado pela imprensa diariamente e, naquele momento, todos já sabiam que o autor estava em São Paulo para lançar seu novo sucesso.

As provas, corrigidas, já tinham sido entregues e o lançamento de Dona Flor estava marcado. Aqueles eram dias ainda mais agitados, porque a imprensa já divulgava amplamente o novo livro e todos queriam saber detalhes, principalmente os jornalistas.

Lembro que nesses últimos dias antes do lançamento, convivemos pouco com tio Jorge e tia Zélia e até meus pais pareciam mais ausentes do que sempre. Então finalmente eu soube quando e onde seria o lançamento: na livraria Jaraguá, na rua Marconi, no centro de São Paulo.

Foi uma noite marcante. A pequena livraria estava lotada e uma enorme fila saía do seu interior e se perdia rua afora. Tio Jorge estava numa pequena mesa, com uma pilha de livros, tia Zélia ao seu lado. Eu observava de longe. Ele parecia muito ocupado, falando com as pessoas, mas lançava olhares para sua família, como se tivesse pedindo apoio. Nossos olhares se cruzaram algumas vezes e lembro que ele fazia uma espécie de careta divertida para mim. Sua mão direita estava negra, talvez de tinta.

Afastei-me e fiquei num canto da livraria junto com meus irmãos mais velhos. Eu estava bastante impressionado com aquela comoção toda. Jorge Amado estava, naquele momento, no auge da sua popularidade e eu, um garoto de dez anos, não fazia a menor ideia do que significava isso.

Para complicar ainda mais, apareceu um jornalista de um diário conhecido e percebeu que nós éramos parentes do escritor. E começou a fazer perguntas. Eu não consegui articular nenhuma resposta razoável, mas meu irmão, três anos mais velhos, deu conta do recado. E ainda que não tenha sido brilhante, foi surpreendente observar no dia seguinte uma matéria de meia página exclusivamente sobre suas declarações, incluindo uma foto desajeitada. A matéria era completamente sem graça: afinal, o que o sobrinho do escritor de 13 anos teria a declarar no dia do lançamento do livro? Seja como for, não gostei nada daquela história: por que eu fui preterido pelo bobo do meu irmão?

O episódio dessa viagem a São Paulo terminou logo após o lançamento de "*Dona Flor*", quando os Amados baianos foram embora. Mas não antes de uma passagem curiosa protagonizada por mim.

Naquela época, ainda no chamado primário, eu estudava no Colégio Rio Branco, em Higienópolis, perto de casa. E um dos meus melhores amigos era um garoto chamado Luiz, também morador do bairro. Como estávamos sempre juntos, e a curiosidade era geral, levei-o certo dia para casa, a fim de conhecer o escritor. Ele foi carregado de livros para serem autografados a pedido da mãe e encontrou tio Jorge em seu estado natural: bermudas, camisa florida, usufruindo uma preguiça baiana. Tio Jorge autografou os livros, fez algum comentário, arrancou sorrisos do Luiz e provavelmente não fez nenhuma reflexão sobre as impressões que deixou em meu amigo. Muitos anos mais tarde, aquele meu colega passou a ser o Luiz Schwarcz, dono da editora Companhia das Letras e, coincidentemente, detentora dos direitos exclusivos de reprodução de todos os livros de Jorge Amado.

Capítulo 2

Literatura

Quando, aos 18 anos, resolvi me aventurar a escrever minhas primeiras literaturas, ponderei que minha relação com tio Jorge iria perder um pouco a graça. Afinal, todas as nossas conversas, até as mais sérias, acabavam em piada e algumas eram incorporadas a uma espécie de folclore familiar, um extenso acervo de casos engraçados que a família Amado sempre foi pródiga em armazenar. Mas algumas dessas histórias que passei com ele tornaram-se exclusivas, não foram divulgadas, permanecendo como um segredo entre mim e ele, ainda que fossem completamente sem importância.

Uma delas aconteceu em São Paulo, em mais uma visita que ele nos fez, novamente hospedado, com toda a trupe (Tia Zélia e Aurélio), em nosso apartamento de Higienópolis. Isso aconteceu um ano depois do lançamento de Dona Flor e eu já era um leitor dele. Tinha sido iniciado justamente por conta de toda a movimentação que testemunhei no lançamento do ano anterior. Foi quando eu percebi a real dimensão do escritor e me interessei por seus livros. Minha mãe então fez a primeira indicação: Capitães de Areia. Devorei aquelas páginas, apesar de não ter ainda 12 anos. "Agora entendi", lembro de ter comentado com a minha mãe. Sim, eu tinha entendido tudo: tinha entendido o motivo de Jorge Amado ser tão célebre, tinha entendido que eu era apaixonado pela literatura, tinha entendido enfim a ligação visceral da família com as atividades literárias. Graças ao tio Jorge, eu tinha entendido a mim mesmo.

Naquele momento, portanto, eu já era um leitor de Jorge Amado e, embora ainda prevalecesse a sensação de que ele era apenas o meu tio, conseguia perceber que uma nova dimensão se descortinava na nossa relação.

Nessa viagem, uma das tralhas que tio Jorge tinha trazido da Bahia, juntamente com variadas peças de artesanato, foram algumas imagens em ferro de Exu, a poderosa santidade do Candomblé, Deus da terra e do universo, muitas vezes erroneamente confundido com o Diabo, por um apressado sincretismo religioso. As imagens de Exu, naquela época, eram muito comuns, podiam ser encontradas no Mercado Modelo de Salvador, vendidas como artesanato típico baiano, mas tinham uma particularidade. Exu apresentava-se segurando uma lança e um tridente e, invariavelmente, era representado com um enorme membro masculino, ou uma "grande rola", como definia tio Jorge. Nada mais justo: o símbolo do poder, no Exu, haveria de ser bem grande. E a tal da "rola do Exu" passou a ser tema de conversas e piadas naquela temporada lá em casa. Era rola do Exu para cá, rola do Exu para lá, a tal ponto que virou uma espécie de interjeição universal, pelo menos para mim. Se a fechadura da porta travou, eu dizia "essa rola do Exu quebrou". "Estou esperando já há uma rola do Exu", ou seja, há muito tempo. "A água está uma rola do Exu", ou muito quente ou muito fria. "Tenho que ir naquela rola do Exu", para a escola, certamente.

Tio Jorge se divertia, mas parecia mesmo que estava orgulhoso de ter cunhado expressão tão útil, incorporada plenamente nos recursos verbais daquele garoto. Sem dúvida uma proeza.

Mas não foi tudo. Naquele alvoroço causado pela presença da corte baiana em nosso reduto paulistano, respirava-se principalmente uma atmosfera criativa, ousada, debochada, que contagiava a todos, até mesmo meu pai, tido como um sujeito sério, fechado, circunspecto (depois de velho mudaria completamente). A tal ponto que operava uma transformação no comportamento e nas ideias. Principalmente em mim. Eu queria pintar quadros, escrever histórias, inventar piadas, manifestar meus impulsos artísticos de alguma maneira. De tal forma que, juntando esses impulsos e o tema "rola do Exu", algum produto haveria de sair da cabeça daquele menino de poucos anos. E saiu.

Fiz uma história em quadrinhos, com desenhos e diálogos, completa. Até hoje me pergunto porque fiz essa opção, já que desenhava muito mal. A história era protagonizada por um Exu, com sua enorme rola, e uma "Exua", um ente feminino, obviamente sem rola. A "Exua" perguntava porque o Exu tinha aquela rola enorme entre as pernas, já que ela não possuía. E Exu tratava de explicar detalhadamente os diversos usos daquele apêndice vigoroso, para alegre surpresa e prazer da assanhada "Exua". O que se seguia era uma espécie mal desenhada de um *kama sutra* infantil. Um prodígio de ruindade. Era tão ruim que mal dava para ler o diálogo entre os dois pestes, o único aspecto que talvez se salvasse daquela aberração criativa. Lá em algum lugar obscuro da minha mente eu tinha plena consciência de que aquele trabalho não prestava, mas ainda assim eu queria ter um retorno crítico de confiança – e quem mais poderia me dar esse retorno além do grande escritor Jorge Amado?

Foi assim que começamos a estabelecer um relacionamento mais "profissional", digamos. Naquele mesmo dia, quando me vi a sós com ele, entreguei-lhe a minha obra de arte, não só insistindo que ele lesse com atenção todos os detalhes, mas, também, fazendo recomendações. Antes de mais nada, não comente com ninguém o conteúdo do trabalho. Depois, é importante não estar apressado: leia com calma, eu instruí. E use seus óculos. Sim, porque tio Jorge tinha esse hábito de não ter à mão os óculos de leitura e sempre que precisava ler alguma coisa pedia emprestado a quem estivesse mais próximo, usasse ou não óculos, por qualquer motivo que fosse. Minha mãe, que usava óculos e tinha astigmatismo, era quem sempre acabava sendo a doadora, muito embora reclamasse bastante porque, afinal, não resolvia o problema dele. Ele continuava não conseguindo ler nada. De modo que, naquele momento, fiz questão de enfatizar a necessidade de ele usar seus próprios óculos para poder enxergar e ler com precisão todo o meu trabalho. Como um bom menino, ele assentiu com a cabeça, e eu me dei por satisfeito em minhas orientações.

Naquele dia, eu não o vi mais, a não ser no jantar. A tarde passou lenta porque eu estava preocupado. Não por ter compartilhado meu trabalho com tio Jorge, mas por temer que ele contasse o conteúdo da minha obra para outras pessoas, meus pais ou tia Zélia. Não era assunto que eu queria dividir com meus pais ou com qualquer outro membro da família. Tratava-se de uma conversa entre "artistas criadores" e não havia espaço para leigos – era o que eu pensava, imerso numa súbita arrogância juvenil.

Finalmente todos eles chegaram juntos para o jantar, lá pelas oito horas da noite. Meus pais, tio Jorge e tia Zélia. Trocamos alguns olhares cúmplices antes de sentarmos à mesa. Lembro até do cardápio: uma torta de palmito e um frango assado. Eu não esperava que ele comentasse nada em público, achava que em determinado momento a sós conversaríamos a respeito da minha criação e ele me daria alguns preciosos conselhos. Mas que nada. "Robertinho tem uma história para contar sobre a rola do Exu", disse ele. Ruídos geral. Piadas, as pessoas falando ao mesmo tempo, gargalhadas. Todo mundo estava cansado de saber que eu não tirava a rola do Exu da cabeça e que vivia repetindo a expressão por qualquer motivo. "Dessa vez ele escreveu uma pequena novela sobre um casal de Exus", continuou ele. Foi uma frase de impacto e a família ficou em silêncio por alguns segundos. "Uma história muito interessante. Esse sim é um menino de talento", resumiu ele. E, para o meu conforto, não falou mais nada. As pessoas emitiram sussurros de admiração, mas logo o assunto terminou e o jantar prosseguiu o seu rumo. O que ficou realmente dessa história foi o elogio que recebi e, principalmente, a sensação de que eu e tio Jorge tínhamos mais um segredo só nosso.

Apesar de reconhecer que devia a minha paixão pela literatura a ele, aos poucos, conforme lia sua obra, fui desenvolvendo um espírito crítico em relação ao que ele escrevia. A partir de Capitães de Areia, ingressei na literatura adulta e não só fui um leitor voraz como, também, gostava de tudo que lia. Todos os romances eram espetaculares, muito bons, excelentes. De Tolstói ao obscuro e anônimo contista de Goiás. Uma paixão avassaladora que me fazia atravessar noites em claro lendo os muitos livros da biblioteca de casa, que não era nada pequena. Também li, claro, muitos livros do tio Jorge. E com isso acabei por ter uma formação e erigir meu próprio espírito crítico.

Assim, aos 18 anos, ainda que eu admirasse a obra de Jorge Amado, eu já tinha outras referências literárias e tinha elaborado minhas críticas aos trabalhos dele. Achava que ele tinha uma temática limitada, que não era um literato caprichoso na palavra, abusando de frases longas desnecessárias e muito prolixo. Descobria àquelas alturas escritores ou escolas literárias que valorizassem mais a linguagem, o perfeccionismo literário e principalmente a inovação, o arrojo – razão pela qual me aprofundei nos escritores sul americanos que praticavam o que se acostumou chamar de realismo fantástico e nos americanos do começo do século XX, os reinventores da literatura de ficção – pelo menos era o que eu achava na época. Mais tarde, vim a reconsiderar minha opinião sobre a obra dele, percebendo que naqueles defeitos estavam também algumas de suas virtudes. Mais do que isso, reconhecendo, dentro do meu modesto conhecimento, o seu talento prodigioso à flor da pele, orgânico, que o impulsionava com uma força constante a criar histórias e personagens como quem respira, como quem vive. Jorge Amado não precisava elaborar o que escrevia. Ele transbordava histórias, narrativas e personagens.

Era um escritor que falava muito pouco de literatura. Dizia que não entendia nada disso, que sabia apenas escrever (o que não era exatamente a verdade). Gostava de atribuir essa qualidade ao meu outro tio, o James, que, de fato, foi uma espécie de sábio da literatura, muito respeitado pelos escritores e intelectuais de sua época. Tio James escreveu um romance apenas, "*O Chamado do Mar*", que li com a mesma sensação de quem lia algum livro de Jorge Amado, principalmente o "*Mar Morto*", em que percebi semelhanças.

Claro que submeti meus primeiros escritos a ambos os tios. Tio James me mandava cartas de duas páginas fazendo análises de matéria e personagem, criticando e elogiando, pinçando situações construídas ou desconstruídas e citando referências literárias universais. Já tio Jorge era curto e grosso. "Mete os peitos, talento não lhe falta", "Gostei mais do primeiro conto, mais bem construído", "Esse conto é típico de adolescente, também já escrevi coisa parecida", foram alguns dos comentários que ele escrevia sobre as próprias folhas batidas à máquina que eu lhe enviava e ele devolvia. Um desses comentários me marcou especialmente. Eu contava a história de uma moça sem escrúpulos, a Lo, personagem feminino mau caráter, devassa, traidora e mentirosa que por onde passava provocava tristeza e dissabores com quem se relacionava. Um verdadeiro demônio personificado numa moça de boa aparência, mas sem a menor ética. A certa altura, um dos namorados de Lo perde a razão com as safadezas e traições que ela apronta e resolve vingar-se. Seguindo-a, espera uma oportunidade para pegá-la de jeito e colar alguns chicletes na sua vasta cabeleira. A cena final mostra Lo completamente careca, andando deprimida pela rua e alvo da atenção dos passantes. Era uma mulher do mal, um personagem que se opunha aos mais encantadores personagens femininos de Jorge Amado, como Dona Flor, Tieta e Gabriela – mulheres bondosas, sensuais e justas, ainda que bem safadas. Talvez por isso o conto tenha chamado tanta a atenção dele, provocando-lhe um comentário mais extenso. No texto, ele elogia a construção dos personagens e a arquitetura da história, e finaliza: "Mas que putinha essa tal de Lo, mulher de maus bofes. Espero que não tenha sido uma experiência real".

Entre as orientações que tio Jorge me dava, estava a leitura de alguns livros que ele admirava. Eu sempre achei que ele gostava de livros e autores um pouco estranhos, não aqueles que estavam sendo comentados no momento. Sim, eu sabia de sua admiração por Graciliano Ramos, Érico Veríssimo, José Lins do Rego e muitos outros autores brasileiros. E também estrangeiros, principalmente franceses e americanos. Mas tinha aqueles que estavam diretamente ligados às ideologias de esquerda, que mereciam atenção especial dele. Durante muitos anos ele sempre me recomendava o mesmo livro: *Judeus sem Dinheiro*, de Michael Gold. O título parece uma piada – pelo menos sempre que eu cito esse livro, ouço risadas. Para a maioria das pessoas, parece um absurdo existir judeu pobre, mas a verdade é que existe sim, e o livro de Gold retrata bem essa realidade. Se passa num bairro pobre de Nova York no começo do século XX e é um relato comovente sobre a vida precária que os judeus levavam naquela época – semelhante, segundo o autor, cujo nome verdadeiro era Itzok Isaac Granich, a muitos outros guetos pobres espalhados pelo mundo. O livro, de fato, é um marco na literatura norte-americana, principalmente naquela que é chamada de Romance Proletário (e esse acabou sendo um dos temas que pesquisei na academia, décadas mais tarde). O que explica, pelo menos em parte, a recomendação de tio Jorge. Mas não era só por isso. "*Judeus sem Dinheiro*" tem grande valor literário e conquistou uma popularidade enorme na época em que foi lançado, em 1930.

De todo jeito, eu resisti à leitura do livro por décadas a fio, enquanto tio Jorge insistia que eu lesse o livro. Eu dizia que não sabia onde encontrar, e essa desculpa fez sentido até começo dos anos 1980, quando a Editora Record lançou nova tradução da obra. Mesmo assim, só fui ler o livro após a morte de tio Jorge, como se assim eu estivesse reparando o erro de não ter acolhido a sua sugestão em vida. São os sentimentos familiares que se misturam com os interesses profissionais e criam uma confusão meio inexplicável.

Outras recomendações de leitura que ele me fez também foram pouco seguidas, o que considero um erro, ainda que fossem autores não muito próximos do meu interesse literário. Uma literatura engajada demais em geral. Um dos mais citados era Ilya Ehrenburg e seu livro mais conhecido, "*A Queda de Paris*". Ele foi uma importante figura do regime soviético, um judeu de classe média, nascido na Ucrânia e comunista desde criancinha. Tio Jorge era amigo dele, encontraram-se várias vezes vida afora, principalmente nos eventos e congressos do Partido Comunista. O mesmo com a escritora alemã, Anna Seghers, cujo romance "*A Sétima Cruz*" era constantemente citado por tio Jorge como uma referência literária. Mas o mais curioso era a sua relação com o escritor russo Mikhail Sholokhov. Detestava ele. Encontraram-se umas poucas vezes e não se bicaram – Sholokhov, além de estar sempre bêbado, era desses comunistas dogmáticos, patrulheiro, chovinista, segundo tio Jorge. Mas reconhecia que o seu livro "*O Don Silencioso*" era o de um grande escritor, "um romancista da altura de Leon Tolstói". Sholokhov foi devidamente reconhecido em 1965, quando ganhou o prêmio Nobel de literatura.

À medida que fui me desenvolvendo profissionalmente, como jornalista e escritor, nossas conversas adotavam novos tons. Sempre que ele me via, agora como adulto, dizia: "Mas agora você parece um senhor...". E eu não sabia até que ponto isso era bom ou ruim. O fato, no entanto, é que nessas conversas eu podia enxergar além do tio, o escritor. Conversamos longamente quando eu fui contemplado como uma "grant" para participar do International Writing Program, programa desenvolvido pela Universidade de Iowa que congregava 32 escritores de diferentes países para participar de palestras, oficinas e encontros literários. Eu ficaria lá por quase um ano, recebendo um salário e viajando pelos Estados Unidos nesse tipo de atividade. Contei os detalhes da viagem, mas tio Jorge apenas deu de ombros. "Você ainda vai fazer muitas viagens, até cansar. Vida de escritor é assim, não pára. Eu viajei a vida toda atendendo convites e o mesmo vai acontecer com você". Não foi exatamente assim. Mas, de fato, as viagens de tio Jorge se tornaram célebres. Ele viajou o mundo todo, foi para os lugares mais remotos e esquisitos. Imagine alguém visitar a Mongólia e a China nos anos 1930... Pois é, ele esteve lá. Muitas vezes por conta da sua representatividade partidária, outras tantas vezes por reconhecimento de sua obra literária. Mas seja qual for o motivo, desde muito jovem ele rodou o mundo, passando muitas vezes por situações curiosas.

Também me marcou um comentário dele a respeito de prêmios literários. Eu tinha acabado de ser indicado ao "Prêmio Jabuti" por conta do livro infanto-juvenil "*As Aventuras de Iakti, o Indiozinho*". O "Jabuti" é o mais importante prêmio literário do Brasil, muito mais por conta de sua tradição e respeito do que pelo prêmio em dinheiro. O primeiro contemplado com o prêmio, quando foi criado em 1959, foi justamente Jorge Amado (e seria novamente contemplado em 1995). A minha indicação ao prêmio (que acabei não ganhando) em 1997 me valeu um cartão de tio Jorge. "Prêmios valem pelo cheque", foi a frase que mais me marcou nesse texto. Pode parecer mercenário demais para alguns, mas não é mesmo. Jorge Amado foi um escritor profissional, viveu do que escrevia e dos subprodutos de sua obra. Prêmios eram um deles – e, de fato, nenhum autor brasileiro ganhou tantos como ele, de diferentes nacionalidades e origens. Mas um ele não recebeu: o Nobel – e provavelmente foi o brasileiro que mais chances teve de receber essa honraria. Tio Jorge foi indicado algumas vezes, mas os meandros políticos da Academia Sueca são complicados. Eles aceitam indicações, levam sim em consideração, mas esse é só um pequeno passo em direção ao prêmio em si. A União Brasileira dos Escritores levou seu nome ao comitê sueco do Prêmio Nobel, em 1967 e 1968. Sabe-se também que a

Academia Francesa indicou seu nome algumas vezes ao comitê sueco e, de fato, ele foi cogitado mesmo para receber o prêmio, o que acabou nunca acontecendo.

Para a imprensa e o público em geral, tio Jorge garantia que não estava interessado em ganhar o Nobel. "A pior coisa que pode acontecer a um escritor é ficar cavando prêmios", declarava ele. Intimamente, porém, a questão do Nobel era polêmica, para dizer o mínimo. Na minha família, meus pais, comentava-se que no fundo, no fundo, ele não só queria ganhar o principal prêmio de literatura do mundo, como também achava que merecia. E, nesse caso, não era pelo cheque. Nos anos 1960 ele era tão famoso e popular, tão bem quisto e lido, que realmente se sobressaia na nossa literatura, tanto a brasileira como a sul americana. Teria sido um gesto de merecimento dar o prêmio a ele e, mais do que isso, um agrado à literatura latino-americana e, mais especificamente, à literatura de língua portuguesa – o que só foi acontecer em 1998, quando o português José Saramago recebeu o prêmio. Mas a Academia Sueca só fez esse reconhecimento anos mais tarde, quando contemplou finalmente dois grandes escritores sul-americanos: o colombiano Gabriel García Márquez e o peruano Mario Vargas Llosa.

Jorge Amado nunca foi aquele tipo de rico que coleciona propriedades, faz investimentos e cria fama de perdulário. Longe disso. Era proprietário apenas da casa do Rio Vermelho e, já no fim da vida, de um minúsculo apartamento em Paris. Certa vez ele me contou como conseguiu comprar a casa. Era o ano de 1960 e o livro "Gabriela, Cravo e Canela" tinha feito um sucesso estrondoso, dentro e fora do

Brasil. A tal ponto que a produtora de cinema Metro Goldwyn Mayer interessou-se em adquirir os direitos da obra para o cinema. Tio Jorge recebeu um checão e com ele comprou o terreno do rio Vermelho e uma pequena casa que foi reformada. Mas, segundo o que me contou, cometeu um erro: o contrato de cessão dos direitos não estipulava um prazo para que o filme fosse produzido, "como era comum nesse tipo de contrato", me contou. A MGM segurou o filme até a década de 1980 quando os direitos de cessão valiam muito mais. Tio Jorge lamentava-se do erro e inclusive contou-me que tentou comprar de volta os direitos pelo dobro do valor que lhe foi pago, mas a MGM não aceitou. O filme acabou sendo dirigido pelo brasileiro Bruno Barreto, tendo como estrela principal Sonia Braga, a atriz de sempre dos livros de Jorge Amado. O curioso, no entanto, é que foi exigido uma celebridade masculina para fazer o papel do turco Nacib e o escolhido foi o italiano Marcello Mastroianni, um grande ator, sem dúvida. Mas ficou um pouco estranho: um italiano falando português para interpretar um turco. A produção do filme criou uma história absurda para justificar essa miscelânea na qual Nacib tinha ascendência de italianos que migraram ao Brasil. Um absurdo, segundo o próprio tio Jorge: como é possível pesquisar as origens familiares de um personagem DELE? O filme não fez nenhum grande sucesso e Jorge, intimamente, não gostava nem um pouco do resultado. Mas também ele repetia sempre: qualquer obra feita a partir de seus livros tinha que ter vida própria, não cabia a ele julgar – o que é uma atitude bastante amadurecida do ponto de vista profissional.

Capítulo 3

Os bichos

Não consigo achar uma explicação para o fato de os baianos gostarem de papagaios. Sim, o bicho, a ave. Talvez seja só característica da família Amado. Pode ser. Mas o fato é que na imagem que tenho do meu tio Jorge Amado frequentemente aparece um papagaio. Há inclusive uma foto histórica, tirada por tia Zélia, em que ele aparece com um papagaio empoleirado em seu dedo, numa clara relação de amizade.

Hoje em dia, e já faz algum tempo, não se pode ter um papagaio doméstico sem uma autorização especial das entidades ambientalistas e com provas de que o bicho está sendo tratado da maneira adequada à espécie dele. São registrados, catalogados, estudados.

Mas décadas atrás, em pleno século XX, era muito comum na Bahia, e também em outros Estados, ter papagaios como animal doméstico. São pássaros graciosos. Muitos deles aprendem a falar frases inteiras, como todos sabem, ainda que de maneira mecânica. Mas também assobiam, cantam, dão risada e gritam. Em certos momentos, podem ser confundidos com pessoas e talvez isso explique a frequência com que esse bicho é domesticado. Fazem companhia.

Mas a personalidade de um papagaio é complexa. São criaturas selvagens e corajosas e podem atacar qualquer um muitas vezes sem motivo, apenas porque não vão com a cara da vítima. Possuem poderoso bico pontiagudo capaz de provocar feridas consideráveis em qualquer ser humano. Demonstram seu mau humor com eloquência: arrepiam as penas, emitem uma espécie de rugido surdo, abrem o bico ameaçadoramente e se aproximam em silêncio, andando com rapidez em direção ao inimigo. Quando isso acontece, poucos enfrentam o algoz. Por outro lado, podem se mostrar doces criaturas, carinhosas e dengosas, e até mesmo usam aquele mesmo bico ameaçador para se enroscar no seu ser humano preferido. Enfim, são bichos de muita personalidade e comportamento complexo, o que talvez explique o fascínio que brasileiros e, principalmente, baianos, têm pela ave.

Tio Jorge não só gostava de papagaio, mas também promovia o bicho, estimulava que outros os adotassem, exaltando suas qualidades de companheiro falante e cantador. Foi o que aconteceu em uma das frequentes viagens que minha família fazia a Salvador. Desta vez fomos todos juntos, o casal e os três irmãos, amontoados na velha caminhonete DKW, numa lenta viagem que pareceu durar semanas (na verdade foram três noites). Uma vez lá, André, meu irmão mais velho, que na ocasião era adolescente, se encantou com o papagaio que tio Jorge tinha hospedado no amplo jardim da casa do Rio Vermelho. Ele falava frases inteiras, muitas vezes incompreensíveis, e cantava num tom alto, aparentemente cheio de felicidade por viver entre as inúmeras árvores daquele famoso jardim.

Quando fomos embora, André e o papagaio se demoraram numa longa despedida afetuosa que emocionou tio Jorge. E antes de embarcarmos na velha DKW, ele prometeu: iria dar um papagaio de presente para meu irmão.

Nem preciso descrever o pavor que assaltou minha mãe naquele momento. Moça paulistana, de hábitos urbanos, fervorosa adepta de apartamentos seguros e limpos, minha mãe nunca poderia imaginar que alguma vez na vida fosse morar com um bicho "penudo", bagunceiro e barulhento como aquele, principalmente em seu belo apartamento de Higienópolis. O único alento que teve naquele momento foi acreditar que essa era uma promessa vazia que jamais seria cumprida e que, não, de jeito nenhum, Jorge Amado não iria a São Paulo carregando um papagaio de presente para o sobrinho. Imagine que coisa mais descabida!

Mas foi. Sem avisar, como era de seu feitio, amante de surpresas impactantes, tio Jorge encheu a Veraneio das tralhas habituais (pimenta, farinha, artesanato baiano, quadros) acrescentando uma gaiola com um formoso e ainda jovem papagaio. Presente exclusivo para o meu irmão – com repercussões, é claro, para toda a família.

Lembro perfeitamente da cena, que não foi nada comum. Eu estava na sala esperando tio Jorge e tia Zélia entrarem triunfalmente, como sempre faziam, todos ao mesmo tempo falando alto, se abraçando e se beijando. Mas o primeiro a entrar, igualmente barulhento, foi o Papai. Não o meu pai. Mas o papagaio chamado Papai. Por pura molecagem de tio Jorge, Papai entrou na sala caminhando, como se fosse uma visita importante, emitindo impropérios incompreensíveis e já aparentemente bravo, com suas penas do pescoço eriçadas. Infelizmente não vi a reação da minha mãe naquele momento, porque estava, assim como todos, fascinados por aquela figurinha estrondosa que caminhava pela sala como se estivesse em sua própria casa – aliás, passou efetivamente a ser sua casa.

Não era à toa que estávamos fascinados. Papai era um papagaio novo, de beleza incontestável com suas penas do pescoço multicoloridas, vermelho, amarelo, marrom e até azul. Barulhento (ria, assobiava, gritava) era capaz, no entanto, de pronunciar apenas uma palavra: papai. Razão pela qual ganhou o nome. E nunca, ao longo de todo tempo em que permaneceu com a gente, aprendeu outra palavra, provavelmente porque era um bicho teimoso, orgulhoso e zangado que não se daria ao trabalho de aprender novas palavras só para dar prazer aos seus familiares paulistanos.

Aparentemente, não houve nenhum conflito entre minha mãe e os Amados, embora, é óbvio, ela não gostasse de bichos, não na sua casa. Nunca, jamais, pensou em ter animais domésticos mais comuns, como gato e cachorro, e não fazia sentido ela ser conivente com a presença permanente daquela ave selvagem, barulhenta e de hábitos higiênicos no mínimo discutíveis.

Mais ainda pelo fato de que Papai ganhou acomodações privilegiadas, em plena sala. Imaginem: um papagaio habitando a nobre sala do apartamento de Higienópolis da Dona Fanny! Parece uma cena irreal, mas de fato aconteceu. Papai foi acomodado no amplo batente da grande janela da sala que tinha mais de dez metros de comprimento e tomava toda uma parede. Lá, ele podia olhar a vista para a Avenida Higienópolis e toda a extensão até o morro da Cantareira, que era o que podíamos ver na época. Camarote especial para o papagaio. Ele podia caminhar de um lado para o outro ao longo dos dez metros do batente da janela, razão pela qual forramos o chão de jornal para que ele pudesse aliviar suas necessidades sem maiores constrangimentos. Logo constatamos uma triste realidade: papagaios cagam o tempo todo. Os jornais ficavam ensopados rapidamente e nem sempre eram trocados com a rapidez desejada. De modo que Dona Fanny não só tinha um papagaio na sala de seu belo apartamento de Higienópolis, mas também tinha uma sala toda cagada. Não consigo avaliar em que medida a relação entre minha mãe e tio Jorge foi afetada. Aparentemente não houve dano. Mas pensando em retrocesso, imagino que no mínimo Dona Fanny tenha amaldiçoado Jorge Amado, ainda que em silêncio.

Seja como for, o papagaio ficou. Tecnicamente era propriedade do meu irmão André, mas era também afetivamente. André fazia o que queria com o bichinho, inclusive segurá-lo pela barriga de ponta cabeça. O resto da humanidade sofria graves restrições de Papai. Se alguém encostasse na janela (na janela dele) para apreciar a vista, o bicho vinha sorrateiramente em direção à vítima, as penas do pescoço eriçadas, arrastando o bico pelo caminho, pronto para dar o bote sanguinário no intruso – o que efetivamente acontecia aos mais distraídos. Era assim a maior parte do tempo, porque Papai era temperamental, rabugento e mal humorado. Às vezes, ele melhorava o humor e era possível dar o dedo sem levar uma bicada e passear um pouco com o bicho empoleirado no ombro. Eu gostava de chamar a atenção das pessoas quando passeava com ele no ombro pelas ruas de Higienópolis. E de fato provocava reações ao passar. Infelizmente não só porque ele era um bicho exótico, bonito e escandaloso, mas também porque em geral eu já estava com as costas completamente cagadas.

Mas o que me impressionou mais naquele bicho foi sua memória afetiva espetacular. Se ele era propriedade de André, era anteriormente de tio Jorge e não esquecia disso. Um ano depois, tio Jorge voltou a São Paulo para ficar na nossa casa e a cena de felicidade de Papai ao ver seu antigo dono foi chocante. O bicho ria, cantava, tagarelava e se enroscava nos grossos dedos de tio Jorge como se o tempo não tivesse passado. Aquela fera definitivamente tinha coração. Mas só para alguns eleitos. Papai passou anos no apartamento da Dona Fanny, embora fosse perdendo, de maneira gradual e definitiva, a mordomia. Depois de um tempo, foi habitar a área de serviço e esteve ameaçado de despejo constantemente, até que foi inevitável. Minha mãe mandou a ave para a casa da minha tia onde havia árvores e ele podia ficar solto por ali. Um tempo depois, ele apareceu morto sem motivo aparente e virou apenas uma lembrança entre nós.

Mas a grande paixão de tio Jorge foi mesmo o papagaio Floro, nome dado por minha avó Lalu na tentativa de criar um nome masculino para Flora – afinal, acreditava-se a princípio que era uma ave fêmea. Esse bicho acompanhou tio Jorge por muitos anos, inclusive em suas longas viagens. Quando veio de Salvador para São Paulo na década de 40, por exemplo, trouxe-o consigo.

Era, de fato, um papagaio extraordinário, presente muito especial do vô João. Certo dia, caminhando pelas ruas de Ilhéus, o coronel João ouviu xingamentos pesados em voz alta e, claro, ficou curioso. E como ouviu outras tantas vezes, decidiu ir atrás de quem os proferia para saciar sua curiosidade. Foi parar naquilo que se chama na Bahia de "casa de mulheres da vida", ou seja, um puteiro. E o autor das difamações chulas era apenas um papagaio falador e muito bom aluno, já que professores não lhe faltavam naquele ambiente. Vô João ficou encantado. E quem não ficaria diante de um papagaio que sem constrangimento proferia uma lista completa dos maiores palavrões da língua portuguesa? O coronel João incorporou o objetivo de adquirir a ave, ainda que a dona do estabelecimento, uma honorável cafetina, resistisse bravamente ao assédio monetário do meu avô. Até que, profissional que era, aceitou uma oferta bastante generosa e entregou o papagaio para o coronel, que repassou imediatamente a tio Jorge. O presente não poderia encantá-lo mais e por onde andava, levava o bicho.

Assim, quando tio Jorge veio morar em São Paulo, na década de 1940, trouxe o Floro. Foi nessa ocasião que ele conheceu tia Zélia e se casaram. Eleito deputado federal, o casal mudou-se para o Rio e deixou Floro na casa de amigos. Então tia Zélia, em uma de suas visitas a São Paulo, resolveu resgatar o Floro, em uma aventura contada em minúcias em seu livro, "Um Chapéu para Viagem". Floro fez história na família, mas não sei que fim levou.

A ave de tio Jorge que conheci bem foi o Açum-Preto que vivia engaiolado em seu apartamento no Rio de Janeiro. Às vezes eu ficava sozinho na sala, xeretando a vida do escritor e observando aquele passarinho totalmente negro, aquietado, tão humilde e infeliz. Ele não fazia nada, não cantava, não pulava, não voava, apenas ficava parado ali e no máximo comia alpiste, bebia água e defecava. Muito criança ainda, eu achava aquele passarinho sem graça, não gostava dele. De alguma forma eu o associava a uma sensação monótona, de ócio, de não ter nada divertido para fazer naquele apartamento duplex, cujo andar de cima era habitado pelos meus avós.

Aves sempre foram companheiras de tio Jorge, por algum motivo inexplicado. No Rio, já casado com tia Zélia, foi morar num sítio e lá resolveu fazer uma criação de patos e marrecos, que tinham nomes e personalidades próprias. Os patos e marrecos desapareceram quando tio Jorge passou a ser perseguido pela polícia e teve que se exilar na Europa.

Muito mais tarde, já morando de volta em Salvador, ele adquiriu um casal de cachorros que marcaram a vida dele. Eram dois cachorros horrorosos da raça Pug que, se hoje são mais comuns, na época eram bem raros. São cachorros pequenos, com a cara amassada, o focinho comprimido. O problema não é serem feios. Mas como têm as vias respiratórias pressionadas, a respiração dos bichos é no mínimo complicada. Ainda que em repouso, cachorros dessa raça arfam sem parar, engolem seco, roncam e parecem estar o tempo todo zangados, ameaçadores. É difícil imaginar que alguém possa ter dois deles o tempo todo ao seu lado sem

Na casa do Rio Vermelho, em Salvador, meu pai sentia-se completamente à vontade. Na foto, com tia Zélia, tio Jorge e Capitu, a inolvidável cadela da casa.

se incomodar. O artista Carybé, grande amigo de tio Jorge, definia bem a aparência dos bichos: uma experiência genética de cruzamento de morcego com cachorro.

Mas tio Jorge vivia agarrado com eles. A fêmea recebeu o nome de Capitu, a célebre personagem feminina de Machado de Assis. E o macho era Pickwick, também personagem literário famoso, vindo da obra do inglês Charles Dickens. Dois nomes ilustres para os cães, que vieram importados não sei de onde, com pedigree nobre, embora parecessem apenas dois vira-latas asmáticos.

Tio Jorge era louco por eles. Onde quer que fosse na ampla casa do Rio Vermelho era acompanhado pelo casal canino e suas sinfonias respiratórias, como que anunciando a chegada do autor famoso. Uma cena típica da casa era ver tio Jorge sentado no sofá da sala, conversando, e os dois cachorros arfando, deitados um de cada lado, ainda que seu interlocutor fosse uma celebridade internacional, da cultura ou da política.

Os pugs renderam muitas piadas secretas (ou nem tanto) entre os sobrinhos e parentes da minha geração, que normalmente se reuniam em Salvador para passar as férias. Já adolescentes, nós não gostávamos deles, mas a gente se divertia fazendo comentários maldosos e, por tabela, criticando o velho tio e sua paixão inexplicável por aqueles energúmenos. Secretamente alimentamos o desejo de promover alguma molecagem com os cachorros, como jogá-los na piscina ou escondê-los no jardim, mas nunca nos atrevemos a realizar esse sonho. Como piada, eles já eram suficientemente divertidos.

Houve também gatos em sua vida. O mais notável deles foi Nacib, batizado em homenagem ao "turco" dono do bar Vesúvio na história de Gabriela, Cravo e Canela. Nacib teve o privilégio de acompanhar tio Jorge, deitado sobre a mesa, em todo o processo de criação de "Dona Flor e Seus Dois Maridos". Não que fosse um gato culto, mas talvez, isso sim, inspirador.

Mas em relação à fauna de tio Jorge, o que mais me surpreendia eram os sapos. Não sei por qual motivo, ele tinha fixação por esse bicho. Sapos, é verdade, carregam simbologias intensas em algumas religiões, principalmente no candomblé. Também são considerados guardiões dos lares e promovedores da prosperidade. Mas não acho que esses sejam os motivos pelos quais Jorge Amado admirava tanto esses anfíbios. O bicho mesmo, nunca vi na casa dele. Comentavam a existência de um velho sapo, amigo da casa, que vivia no grande jardim da casa do Rio Vermelho como uma entidade nobre do lar. A paixão do escritor por esse bicho se materializava na coleção de sapos que ele tinha espalhados pela casa, às vezes nos lugares mais esquisitos e incertos. Sapos de todos os feitios, materiais, tamanhos e espécies: de pedra sabão, de ferro, de madeira, de papel. Sapo, dizia ele, era seu bicho. Intimamente, eu acreditava (e não sem motivo) que a ideia de espalhar os sapos pela casa fazia parte de uma molecagem típica dele, na esperança de que os visitantes (que não eram poucos) tomassem um susto com a feiura da imagem. Imaginem ir ao banheiro e encontrar, ali, do lado do vaso, um sapo de cara feia acompanhando cismado os seus gestos.

Capítulo 4

Os palavrões

Durante muito tempo, Jorge Amado teve fama de ser um escritor que não tinha escrúpulos em colocar palavrões na fala de seus personagens e do próprio narrador. De fato, é possível encontrar um extenso vernáculo chulo em seus livros, o que é perfeitamente adequado. Afinal, seus personagens, homens e mulheres do povo que utilizam o idioma de modo verdadeiro, direto e orgânico, não podiam mesmo ter outro vocabulário. Jorge Amado teve a coragem e a iluminação de retratar essa linguagem como de fato era e é. Mas se os brasileiros falam muito palavrão, mais ainda o fazem os baianos e, especialmente, os da família Amado. Incluir palavrões não era exatamente uma raridade familiar e até minha mãe, erudita judia paulistana, arriscava proferir alguns, ainda que desajeitadamente e, com certeza, envergonhada.

Assim como os irmãos, tio Jorge falava palavrões como os escrevia. Mas sempre de um jeito divertido, encaixado entre graças e piadas, e não de maneira agressiva. O humor tinha que predominar, sempre. Também minha avó Lalu, mãe dos três irmãos, não era de economizar as palavras certas quando necessárias. Assim, não há como negar esse aspecto curioso da família.

Lembro de uma piada que o próprio tio Jorge contou a respeito dessa sua característica de povoar seus romances com palavrões. Um sujeito dorme no trem e seu companheiro o acorda, "o sono é o prenúncio da morte. Shakespeare", diz ele. O sujeito, no entanto, volta a dormir. "o sono é o prenúncio da morte. Shakespeare", repete o companheiro. O sujeito lança um olhar indignado, mas volta a dormir. Na terceira vez em que é despertado, ele responde, cheio de ódio: "Vai pra puta que o pariu. Jorge Amado".

Uma outra cena histórica, aconteceu em Salvador muito tempo atrás. Eu era criança, não testemunhei. Mas estava lá e ouvi os comentários, feitos entre gargalhadas por todos da família.

Tio Jorge era um espírito bonachão e bondoso e não tinha frescuras. Ao contrário. Vivia de bermuda em sua casa, muitas vezes sem camisa e descalço. Também não era de expulsar os visitantes curiosos que se aventuram a bater em sua porta. Mas, claro. Tudo tem um limite. De tal maneira que havia uma seleção de quem poderia de fato visitá-lo, em geral pessoas que o conheciam ou tinham conhecidos ou amigos em comum. Ainda assim, nem sempre ele estava com o humor preparado para receber amistosamente um estranho em sua casa.

Nesse dia, tio James estava com ele e essa sempre foi uma dupla infernal. James era ainda mais safado que tio

Jorge e não media esforço ou palavra para conseguir uma história boa e engraçada. Ao que tudo indica, ambos naquele dia estavam dispostos a causar e quando isso acontecia, causavam mesmo.

Conta-se que alguns alemães, ciceroneados por alguém conhecido de tio Jorge, aportaram na casa do Rio Vermelho para conhecer a celebridade. Isso acontecia com frequência. Estrangeiros que estavam em Salvador queriam conhecer a figura mais célebre da cidade, pelo menos numa certa época. E era comum a presença de gringos assim, de repente, na casa dele.

Mas esses alemães não tiveram sorte e, para falar a verdade, nem souberam o que de fato aconteceu. Quando foram apresentados aos meus tios, ambos repetiram o que seria um cumprimento tipicamente baiano: "puta que pariu", enquanto solenemente apertavam a mão dos intrusos. Provavelmente eles aprenderam a maneira com que os brasileiros cumprimentam delicadamente as pessoas.

Tio Jorge também contava uma história engraçada envolvendo outro personagem da Alemanha. Nesse caso, o alemão foi bem recebido. Não sei do que falavam, mas Jorge ofereceu à visita algumas das frutas típicas da Bahia, muitos saborosas e exóticas. Mangaba, manga, pitomba, cajá, seriguela, graviola. O alemão estava se deliciando com as frutas e animadíssimo, pediu ao meu tio que indicasse um lugar onde ele pudesse comprar algumas daquelas delícias. Tio Jorge chamou Aurélio, o motorista, e pediu: "Leve o gringo ao fruteiro". Aurélio nem hesitou, acompanhou a visita até o carro e o conduziu ao lugar desejado. Um puteiro. O pobre do Aurélio não tinha ouvido direito. O destino do alemão nunca ninguém soube, porque nesse momento tio Jorge interrompia a história e apenas gargalhava.

Capítulo 5

Os Amados

O sobrenome Amado é um prato cheio para quem gosta de trocadilhos e piadinhas. Nenhum Amado se safou dessa, até porque esse tipo de prática em geral acaba sendo simpática e divertida. Já me chamaram de "Mamado", "Ramado", "Amadeu" e, nos treinos de natação, de "A nado". Já fui Amadinho e Amadão e, não raro, fui chamado pelo nome do meu tio, Jorge ou Jorginho. E toda uma variação vernacular muito criativa. Ser Amado é, no final das contas, um privilégio.

Mas a origem do nome sempre suscitou curiosidade não só entre amigos e conhecidos, mas também na própria família. Muitos Amados fizeram pesquisas sobre a gênesis do nome, alguns construíram a árvores genealógica, outros se dedicaram a fazer um acervo iconográfico com fotos de toda a linhagem desde os tempos do daguerreótipo. É interessante até certo ponto, como em todas as famílias que procuram resgatar suas origens.

No nosso caso, no entanto, no nosso pequeno núcleo familiar, foi tio Jorge quem mais se dedicou a fazer pesquisas sobre nossas origens. Curioso pesquisador, além de ficcionista, saiu à procura de fontes fidedignas, documentos medievais e fatos históricos de grande valor. Mergulhou nas crônicas da corte portuguesa, investigou nobres e cidadãos, entrevistou historiadores ibéricos. E finalmente apareceu com uma explicação imediatamente aceita, incorporada, e devidamente complementada por alguns da família – cujo gosto pela ficção é notório. Ei-la:

"Houve uma época, muito antigamente, que a corte portuguesa era próspera e vivia às voltas com duques, condes, fidalgos e todo um protocolo envolvendo o rei português. À margem disso, provavelmente na antiga Lisboa, vivia modestamente um barbeiro com sua pequena família: mulher e oito filhos, além de dois sobrinhos e dois ou três agregados. O barbeiro dava duro para ganhar seu pão, mas era bem sucedido na freguesia, bem quisto e respeitado. Não só sabia aparar cabelos e raspar bigodes e barbas, mas também se aventurava no universo da medicina. Indicava tônicos, infusões e purgantes, extraía verrugas e pústulas e oferecia uma fórmula que inventara capaz de resolver qualquer problema de impotência sexual. Maiores ainda eram os motivos para ser admirado, até porque, garantiam seus clientes, a fórmula de fato funcionava.

Nada mudaria na vida desse bom senhor se não fosse pelo súbito mal que o filho do rei, um pequerrucho de não mais do que dezesseis anos, apresentou. O rapaz tinha uma enorme bolha purulenta bem situada em seu membro masculino. Sofria de dores o menino, chegava a gritar no meio da noite quando tinha ereções durante o sono. O rei tomou providências imediatas certamente, mas inúteis. Os médicos do reino olhavam com desalento para aquela mancha putrefata e balançavam a cabeça, desanimados e sem ideia de cura. Até mesmo um médico persa, chamado às pressas pela corte, desencorajou as esperanças reais, determinando, no alto da sua sabedoria, a imediata amputação do membro ferido. Inaceitável para qualquer um, principalmente para o rapaz e seu pai real. O rei, desesperado, chamou todos e qualquer do reino para palpitar e rumores desse drama chegaram ao barbeiro. Pela descrição do problema, tratava-se apenas de uma bolha purulenta, ainda que situada em região muito imprópria. Mas pereba é apenas pereba, pensou o barbeiro, e disso eu entendo. Resolveu ver o príncipe e, entre todos que se apresentaram, foi o único que trouxe solução: com um simples alfinete, furou a bolha, retirou o pus, limpou a área e aplicou uma solução feita com alho, gengibre e equinácea, para desinfetar. E o jovem príncipe retomou sua plena masculinidade. O rei, muito grato ao barbeiro, ofereceu-lhe terras, ouro e um título: conde Amado. E assim deu-se o início da nossa dinastia".

É bom enfatizar que essa história fica ainda mais interessante se contada com legítimo sotaque baiano.

Há outras tentativas para explicar a origem do nome Amado que não esbarram, necessariamente, no campo da "meia" ficção. Muitos afirmam com convicção que a família Amado é de cristãos-novos. Na idade média, sob o espectro da Inquisição, os judeus circularam pela Europa sem destino, perseguidos e repudiados em todos os cantos, dos Países Baixos à Espanha. Em Portugal, no entanto, encontraram guarita, desde que pagassem uma pequena taxa, não tão pequena assim. Comerciantes prósperos e livres para cobrar juros (já que os cristãos não podiam praticar a usura), os judeus se deram bem em terras portuguesas, tão bem que passaram a ser perseguidos. Até que um decreto real lhes ofereceu sossego, se eles se convertessem ao cristianismo e trocassem seus sobrenomes complicados, cheios de consoantes, por palavras típicas portuguesas. Ao que "Amado" parece ser muito adequado. Houve até rumores de que haviam encontrado um verdadeiro sósia de tio Jorge, traços do rosto idênticos, uma prova incontestável de pertencerem à mesma etnia. E o sósia era judeu. Aliás, dizem que o nome Davi, muito comum entre judeus, tem origem na palavra hebraica Dawid que significa "querido, "predileto" e... "amado"!

Mas há também a hipótese de os Amados terem sangue árabe. A migração desse grupo étnico para o Brasil foi bastante intensa no final do século 19, e um destino muito comum dessas levas é justamente o sul da Bahia. O motivo é simples e, como sempre, tem a ver com o cacau. Próspera, a região de Ilhéus tornou-se plena de oportunidades, principalmente para comerciantes, o que atraiu famílias de árabes imigrantes, cujos registros até hoje podem ser encontrados em muitas cidades baianas. Não estranhe, portanto, se encontrar nos cardápios de Ilhéus opções árabes, como quibe, em meio ao vatapá, caruru e moqueca.

O fato é que nessa região todos sempre foram muito acostumados com árabes, que eram genericamente chamados de "turcos". Eles estavam nos bares, nos armarinhos, nas lojas ou simplesmente mascateando, exercendo sua vocação atávica. Fizeram parte (e ainda fazem) da cultura local, gente de bom caráter, bondosa, com agudo senso de justiça. Não é de se estranhar o fato de a obra de Jorge Amado ter tantos personagens "turcos", e o mais célebre deles é Nacib, o dono do Bar Vesúvio em "Gabriela Cravo e Canela" – que na verdade é um sírio.

A grande homenagem, no entanto, está no livro "A Descoberta da América pelos Turcos", que Jorge Amado escreveu sob encomenda. Foi um projeto de uma editora italiana que propunha reunir textos de alguns escritores célebres, entre eles, o norte-americano Norman Mailer e o panamenho Carlos Fuentes. O projeto não aconteceu como planejado e tio Jorge acabou produzindo uma obra isolada. O livro foi publicado primeiro em francês, em 1992 e, em turco, em 1993, e só foi sair em português no ano seguinte. Tio Jorge comentou o desafio que tinha recebido antes de escrever o livro, e ficamos todos imaginando como ele abordaria o tema sem mudar o estilo e a temática típicas da sua literatura, ou seja, o universo baiano. Afinal, quando Cristóvão Colombo aportou nas Américas, a Bahia nem existia ainda do jeito que acabou sendo. E não era do seu feitio rememorar fatos tão históricos assim.

Quando li o livro, confesso que tomei um choque. Positivo. E apesar de tio Jorge não ter dado muito valor ao livro – chamava-o de "livrinho" – eu considero uma de suas melhores criações. Se a minha opinião não importa tanto, que tal a de José Saramago? O escritor português, o único prêmio Nobel da língua portuguesa, considerava o livro "um prodígio da arte de narrar".

Como é que os turcos descobrem a América? Nas palavras de Jorge Amado, o personagem turco do livro em vez de aceitar um casamento arranjado com mulher da mesma etnia, "descobre" a América apaixonando-se por uma legítima mulata. Foi assim que o desafio virou um típico tema da literatura de Jorge Amado.

Mas entre as histórias que envolvem o nome Amado, acho muito curiosa a que conta que o nome Almeida tem origem no nosso nome de família. Houve um certo poderoso português, Dom Payo Guterres Amado, que lutou contra os mouros e tomou posse do Castelo Almeida, em Ribacôa, no centro de Portugal. A família Amado se instalou no Castelo e o filho de Payo acabou adotando o sobrenome Almeida como uma referência geográfica. E dele se reproduziram os Almeidas mundo afora, muitos que são.

Já os Amados se proliferaram escritores, alguns conhecidos, outros nem tanto. Do outro lado da família, primos do meu pai e de tio Jorge, estão, entre outros, Gilberto e Gilson Amado, que ganharam respeito e visibilidade como escritores. O pai deles tinha o gracioso nome de Melchisedech, irmão do meu avô, que teve 14 filhos, a maioria com nomes que começam com a letra "G" (enquanto a família do meu pai é da letra "J"). Por que isso? Não sei, coisa de baiano. O fato é que Melchisedech deve ter perdido a inspiração para nomes depois de tantos filhos e acabou batizando uma de suas filhas de Gillete. Além da possível interpretação maliciosa desse nome, há também o fato de que Gillete era um homem, provavelmente o inventor da lâmina de barbear em cuja embalagem estampava-se a imagem desse augusto senhor. Gillete foi imediatamente apelidada de Iaiá e assim ficou por toda a vida.

Gilson Amado foi o criador da TV Educativa e tornou-se uma referência intelectual no Rio de Janeiro. Gilberto Amado, o mais velho, diplomata e escritor, foi muito conhecido por seus pensamentos e livros, um grande intelectual. Outro irmão célebre da família "G" é Genolino Amado, jornalista e escritor que compõe o time dos Amados eleitos "imortais" pela Academia Brasileira de Letras. Vale notar que a família Amado é a que mais membros têm na Academia: Genolino, Jorge, Gilberto e Zélia Gattai, que embora não seja Amado de origem é provavelmente a mais amada de todos.

Não só de glórias vive a família: uma mancha marca a história de Gilberto Amado. Em 1915, após uma discussão intelectual, matou a tiros o poeta Aníbal Teófilo, foi em cana, amargou um tempo no xilindró, mas acabou absolvido pela justiça, embora nunca pela opinião pública da época.

Mas nossa família, a dos "J"s, nunca teve muita vocação para esses arroubos emocionais e violência. Verdade que meu avô João, Coronel João, pai de Jorge Amado e do meu pai, foi um pioneiro nas terras férteis de Ilhéus e, para isso, teve que se defender e lutar muito.

A origem geográfica da família Amado, até onde se pode saber, é em Estância, em Sergipe, que foi, no passado, um entreposto do intenso comércio que a região estabelecia com a Bahia. "Lá tem Amado a dar com o pau", contava Tio Jorge. O vô João era de Sergipe e migrou para a região de Ilhéus atrás do "ouro" da época, o cacau. Conta a história da família que o objetivo dele era enriquecer para poder casar com bela criatura da mais nobre estirpe de Sergipe – e a única opção do pobretão era se aventurar nas oportunidades que se abriam para todos: Cacau. Acontece que, quando ele voltou, já com um pé de meia, encontrou sua amada casada e com filhos, desinteressada dos amores juvenis. Vô João não queria voltar para a vida dura da fazenda de cacau de "mãos vazias" e aceitou conhecer a irmã do seu bom amigo Firmo, que já não era novinha, mas tinha boas referências. Eulalia era o nome dela. Virou esposa do coronel, mãe de Jorge, James e Joelson, minha avó muito amada.

Embora fosse um fazendeiro próspero no cultivo de cacau, o coronel João era apenas um pequeno agricultor tentando sobreviver naquele universo desgarrado. Naquela época, não havia essa sofisticação de comprar terra, fazer escritura, pagar impostos e cercar seu terreno. Nada disso. A posse ali se dava na marra. O governo brasileiro, percebendo o potencial daquelas terras ao sul da Bahia, na região de Ilhéus, para o cultivo do cacau, concedeu a livre posse de áreas dedicadas a essa atividade e lavou as mãos. Quem ocupar, roçar a terra, é dono. Na dúvida, que disputem a posse à bala. Todas as histórias que tio Jorge conta em seus livros a respeito da disputa da terra na zona do cacau são baseadas no que de fato acontecia. E o livro *"Tocaia Grande: a Face Obscura"* provavelmente foi inspirado em uma passagem que Jorge testemunhou, embora fosse muito pequeno para se lembrar. Nela, o Coronel João foi cercado por jagunços e "levou chumbo" – as armas utilizadas na região não carregavam balas e sim cartuchos de chumbo que se espalhavam quando projetados. Tio Jorge, ainda bebê, estava com ele, na garupa do cavalo (ou será jegue?) e ambos escaparam dramaticamente do pior pegando o caminho de volta para que Lalu, minha avó, cuidasse das feridas ensanguentas do marido. Sobreviveu para contar essa história ao filho e Amado não se fazia de rogado em reproduzi-la em livros ou em conversas de causos.

Foi nessas fazendas que tio Jorge nasceu e viveu seus primeiros anos, tendo experiências que produziram a matéria prima de muitos dos seus romances. Lalu era uma mulher franzina de uma inteligência e imaginação comoventes. Dizem ser dela essa vocação para a ficção da família. Tio Jorge foi o primeiro filho do casal. Depois dele, nasceu Jofre, o segundo filho. Vovó era muito silenciosa a respeito desse rebento, porque certamente sofreu muito com ele: aos três anos de idade, Jofre morreu de gripe espanhola. Essa foi uma doença terrível, de elevada mortalidade, que se transformou em uma pandemia por volta de 1918. Espalhou-se praticamente por todo o mundo e fez cerca de 40 milhões de mortes – e, por isso, foi qualificada como a maior epidemia de todos os tempos. Lugar de honra ameaçado com grande efetividade pela pandemia da Covid-19. A gripe espanhola chegou ao Brasil por navios que vinham da Europa, causando vítimas principalmente nas cidades portuárias. Lalu comentou rapidamente certa vez que em Ilhéus os cadáveres eram empilhados nas ruas e tio Jorge conta algo a respeito no livro "*O Menino Grapiúna*", uma espécie de autobiografia da sua infância. No Brasil, a gripe espanhola matou 300 mil pessoas, entre elas Jofre, meu tio que nunca conheci.

Lalu ficou inconsolável. Imaginem: perder o filho de três anos de idade para uma epidemia... Mas a vida continuou e nasceu meu pai, Joelson, e logo, meu tio James. A morte prematura do segundo filho ficou na história, contada com reservas, triste que foi. Mas a vida oferece compensações. Lalu era louca pelos filhos, um incomparável amor de mãe. O único que não tinha apelido era tio Jorge. Meu pai sempre foi, para ela, Joca ou Joquinha, e tio James, o indecifrável apelido de "Tenente". Ela se orgulhava de ter amamentado seus filhos até os seis anos de idade, mas seu orgulho ia além da imaginação. Contava que tio Jorge aos 8 meses de idade falou repentinamente, sem nunca antes ter falado qualquer palavra: "minha mãe, me ponha no chão que eu quero andar", e, assim que foi atendido, disparou numa correria como se nunca tivesse feito outra coisa. Seus filhos eram todos gênios, fenômenos da natureza. E não escondia sua preferência pelo meu pai. Afinal, ele era médico e isso tinha, para ela, muito mais valor do que ser um escritor premiado e de fama internacional. Além disso, tio Jorge era do Partido Comunista (os três irmãos eram) que ela qualificava como um "partidozinho de merda!".

Lalu morou com a gente no apartamento de Higienópolis por alguns anos, provavelmente por conta de um revezamento que os irmãos faziam para cuidar dela. Foram anos muito saborosos, divertidos e carinhosos. Lalu era uma mulher maravilhosa e eu a amava profundamente. Durante principalmente essa estadia, conheci algumas das centenas de histórias que ela contava, um repertório enorme de casos que beiravam o realismo fantástico dos escritores latino americanos.

Lalu nasceu em 1886, dois anos antes da Abolição da Escravatura, que ela chamava de "alforria". Embora só tivesse dois anos na ocasião, ela descrevia a festa pública que aconteceu na data, o que sempre me pareceu um pouco estranho. Como já disse, os Amados gostam de ficção.

Tinha motivos para desconfiar. Uma de suas histórias descrevia uma fazenda em que os trabalhadores eram todos gorilas. "Uns bichos atrevidos, enormes, negros, peludos", dramatizava ela. Um deles se engraçou com a filha do fazendeiro, jogou um chamego nela, fez encantamento e "passou a menina nos peitos", estranha expressão para definir a sedução sexual. O fazendeiro ficou louco da vida, claro, e mandou matar o gorila com "judieira" – ou seja, torturando antes. E daí Lalu conta que tiraram os "bagos" do macacão e botaram para secar num poste no meio da plantação, para que todos vissem que tipo de castigo se tem quando não se conhece seus limites.

Logo eu percebi que os gorilas não eram macacões e sim escravos negros, mas nunca entendi porque ela os chamava de gorilas. Lalu sempre foi lúcida. Mas tinha uma imaginação irrefreável.

Eu devia ter 13 ou 14 anos quando Lalu veio morar com a gente e lembro que passei muitas tardes, depois da escola, conversando com ela na sala. Ela falava pausadamente, num bom baianês, e sempre tinha alguma história para contar, ainda que as repetisse algumas vezes. Eu provocava sua imaginação: "Vó, conta o que você está vendo nesse quadro". E daí ela narrava uma longa história, com passado e futuro, personagens e seres que só ela mesmo via no quadro, qualquer que fosse. Uma de suas características principais era o humor, normalmente sarcástico, ácido, debochado. Era completamente surda e ouvia graças a um aparelho para deficientes auditivos – mas só ligava quando lhe convinha.

Muitas vezes conversava com o aparelho desligado, numa clara manifestação de que não estava interessada no que seu interlocutor dizia. Minha mãe foi uma das maiores vítimas do humor debochado de Lalu e as cenas que ambas vivenciaram fazem parte do folclore da família, assim como também as frases, as ideias e as tiradas de Lalu – algumas das quais contadas nos livros biográficos de tia Zélia.

Um aspecto que sempre me impressionou positivamente era o sentido de família que tio Jorge tinha. Era ele quem dava a liga entre irmãos e pais, até por ser o filho mais velho. Uma prova disso foi o tempo em que morou no Rio de Janeiro. Lalu e vô João moravam num apartamento modesto na rua Rodolfo Dantas, em Copacabana, a rua que fica na lateral do hotel Copacabana Palace. O apartamento ficava no oitavo andar e, no sétimo, estava o do tio Jorge, que fez questão de morar próximo dos pais. Mais do que isso, mandou fazer uma ligação interna por meio de uma apertada escada em caracol, "fabricando" uma espécie de duplex – um nome muito sofisticado para o que era na realidade. Ficamos várias vezes nesse apartamento antes de eu completar seis anos de idade, quando vô João morreu. Mas lembro que não gostava nem um pouco do prédio. Tinha um cheiro de mofo misturado com a maresia que me fazia estranhar.

Eram dois apartamentos iguais nas dimensões, mas completamente diferentes. No oitavo andar, onde eu me hospedava, os móveis eram antigos e havia um ar decadente, inquietante. Eu detestava. Meus avós, já idosos, viviam no quarto, deitados numa cama "medieval" em frente da qual havia uma penteadeira também bastante antiga. Vô João, lembro, estava sempre doente. Lalu era mais ativa e vivia às voltas com o gato Professor, já velho e meio retardado porque tinha sobrevivido a uma queda da janela do apartamento, lá do oitavo andar, e se tinha sobrevivido, não o fez com todas as faculdades mentais de um gato. O apartamento todo cheirava a mofo, maresia, velhice, doença. O que mais me interessava eram as fotos muito antigas mostrando os personagens da família. Numa delas, estão meus avós, ainda jovens, e seus filhos. O meu pai, bem pequeno, aparece vestido com uma espécie de saiote, parecendo uma menina. Eu achava muito engraçado e vivia perturbando meu pai por causa da foto, exigindo explicações sobre essa versão feminina dele. Em vão, ele resmungava respostas. Lalu depois me explicou que essa era uma roupa da "moda", quer dizer, que as crianças costumavam usar lá naquele fim de mundo. Também tinha fotos do vô João com dedicatórias, fotos da formatura dos filhos e outras imagens que me pareciam meio irreais de tão antigas e formais.

Foto tirada na década de 20. Tio Jorge é o menino mais alto, com terninho e gravata. Entre Coronel João e Lalu, o mais novo, tio James. Em pé, à esquerda, meu pai, Joelson, de saiote, parecendo uma menina.

Eu preferia o apartamento do tio Jorge. Sorrateiramente, eu ia ao andar de baixo fuçar as coisas dele, já que muitas vezes ele estava viajando. Aquele apartamento, em total oposição ao de cima, me fascinava. No meio da sala tinha uma mesa enorme e, sobre ela, uma máquina de escrever. Eis aí um apartamento de escritor. As paredes eram forradas de quadros e havia prateleiras tomadas por figuras de artesanato baiano. Muitas peças em barro que, para mim, com seis anos ou menos até, eram verdadeiros brinquedos – e eu devo ter quebrado várias daquelas peças sem ousar confessar o crime.

Quando tio Jorge aparecia, provavelmente de volta de suas inúmeras viagens, sempre acontecia alguma coisa. Nós passamos juntos alguns natais, com direito a ceia e fogos de artifício. De fato, não consigo me lembrar de muita coisa porque, afinal, eu tinha menos de oito anos, mas uma cena tornou-se inesquecível. Tio Jorge deveria ter tido alguma briguinha rotineira com tia Zélia e resolveu sacanear. Ofereceu-me um dinheiro – sim, me subornou – para que eu repetisse para tia Zélia a seguinte frase: "velha, decrépita, centenária, velha, decrépita, centenária". Certamente eu não fazia a menor ideia do que significavam aquelas palavras, mas por dinheiro eu já era capaz de tudo. Tio Jorge rolava de rir enquanto eu repetia a frase para tia Zélia, que me olhava como se não me conhecesse, pensando algo como, "o que é isso menino? saia já daqui!". Posso dizer, sem medo de errar, que tio Jorge me usou para objetivos de caráter duvidoso. Mas o importante é que fui devidamente recompensado.

Capítulo 6

Celebridades

Jorge Amado viveu cercado de celebridades do mundo inteiro. Na verdade, nós brasileiros normalmente não fazemos ideia do quanto ele foi (e talvez ainda seja) lido, admirado e festejado em todo o mundo. Provavelmente mais do que aqui no Brasil. É bem possível que, pelo menos em certo momento, ele tenha sido o escritor mais traduzido do mundo. Seus livros foram publicados em 50 países e 39 idiomas, incluindo alguns remotos, como o guarani, o moldávio e o tailandês.

Talvez isso explique o fato de ele ter estado sempre rodeado, ao longo da vida, por celebridades internacionais, normalmente ligadas ao universo da cultura ou da política. Presenciei muitas cenas em que tio Jorge estava com pessoas famosas e era fácil perceber que na verdade era ele o centro das atenções, a celebridade maior. Era possível notar um comportamento orgulhoso de quem o visitava, na maneira desmedida com que o tratavam e quem fosse da família, como se estivessem o tempo todo mostrando o orgulho de "ser amigo" de Jorge Amado. A minha avaliação infantil e adolescente variava entre o cômico e o desprezível.

Algumas passagens que presenciei são curiosas e engraçadas. Uma delas foi quando eu era pequeno, provavelmente tinha oito anos e estávamos passando férias em Salvador. Tio Jorge e tia Zélia tinham acabado de se mudar, vindos do Rio de Janeiro. Eu estava na sala na casa do Rio Vermelho e, por algum motivo, estava sozinho com tio Jorge. Ele falava ao telefone sem parar e eu não dava muita bola, provavelmente distraído com alguma brincadeira. Mas daí toca a campainha a aparece Dorival Caymmi. Naquela época ele era bem conhecido e meus pais ouviam seus discos frequentemente, tanto que eu sabia de cor a maioria das músicas – e, na verdade, muita gente sabia, ele era bem popular e continua sendo. Caymmi tornou-se um dos músicos mais importantes da cultura brasileira porque sua obra construiu a identidade do povo brasileiro, do mesmo modo que a literatura de Jorge Amado. Um legado aprofundado que vai muito além do consumo imediato, por maior que seja. Ambos baianos e contemporâneos, construíram uma amizade profunda desde o final da década de 1930. Jorge Amado foi ao Rio de Janeiro com 18 anos estudar direito e em 1939, ano em que Caymmi mudou-se para o Rio, eles se conheceram. Diziam-se irmãos gêmeos. E eternizaram algumas canções com letra de Jorge Amado. A mais conhecida delas, *"É doce morrer no mar"* foi interpretada por artistas conhecidos, como Caetano Veloso. Também foi sucesso a música *"Retirantes"*, que foi trilha da peça *"Terras do Sem Fim"* e, mais tarde, aproveitada com a mesma finalidade na novela "*Escrava Isaura*". Há até um disco, um vinil, só com músicas da parceria: "*Canto de Amor à Bahia*". Caymmi também foi personagem de Jorge Amado no livro "*Dona Flor e Seus Dois Maridos*": ele é o músico que acompanha Vadinho na famosa serenata que faz para reconquistar Dona Flor.

Tinha um sorriso encantador e uma simpatia comovente. Junto com tio Jorge pareciam dois pescadores baianos, usufruindo a doce preguiça de apenas olhar o mar e comentar vagarosamente sobre a vida. Sua figura sempre foi célebre também: um negro alto com carapinha totalmente branca, muito antes de envelhecer.

De modo que quando eu o vi, reconheci a figura no ato. Lembro que fiquei olhando para ele fixamente, como as vezes as crianças fazem. De tal maneira que acabei participando da conversa entre tio Jorge e Caymmi. Não lembro o que falavam, mas em determinado momento, voltaram-se para mim, como se dissessem, "quer falar alguma coisa?". Eu queria. "Você é o Dorival Caymmi?", perguntei. "Sou eu mesmo", disse ele, "e você deve me chamar de tio, porque sou irmão do seu tio". "Eu não, você não é irmão do meu pai", respondi. "Do Joelson? Sou sim. *Se* sou irmão do Jorge, sou também irmão do Joelson e do James". Eu olhei para tio Jorge pedindo confirmação e vi que ele assentia com a cabeça. "Tio porra nenhuma", eu disse e saí correndo.

A casa do Rio Vermelho estava constantemente tomada por eventos, cheia de gente. Almoços principalmente. Certa vez, eu já era adolescente, estava lá com meus primos e aparece, de repente, um cara acompanhado do meu professor de matemática. Como assim? Não é coisa mais esquisita do mundo você encontrar o seu professor de matemática lá de São Paulo na casa do seu tio na Bahia? Fui conversar com ele, claro, e ele me tratou daquele jeito que todos tratavam, excessivamente gentil, intimidado, nervoso, por estar na casa de uma celebridade e, no caso, falando com um parente dela. Eu tinha vontade de dizer "é só o meu tio, relaxa", mas, ao mesmo tempo, me divertia com esse constrangimento. Infelizmente, não tive mais aula com ele, porque seria uma boa maneira de estender esse constrangimento para dentro da sala de aula, o que seria divertido, pelo menos na ideia de um adolescente.

Num outro evento, um almoço, eu testemunhei uma cena que me marcou o resto da vida, principalmente no que dizia respeito à minha atividade de escritor. Eu devia ter uns 15 anos, talvez. E nessa ocasião, especificamente, havia muitos escritores convidados. Eu estava numa rodinha, xeretando a conversa de tio Jorge com amigos. Um deles era Ricardo Ramos, filho de Graciliano Ramos e genro do meu tio James (que se casou com Luiza Ramos). Ricardo foi um escritor consistente, um contista brilhante, que morou a maior parte da vida em São Paulo e se tornou uma referência da literatura paulistana. Infelizmente não fez o sucesso que merecia, mas sempre inspirou muito respeito no universo literário. Outro que estava na roda era João Ubaldo, que era jovem então e que me marcou por dois motivos: era muito engraçado e tinha uma risada majestosa, que ecoava pelo ambiente. Mais tarde, João Ubaldo Ribeiro me marcou por outros motivos: foi um dos maiores romancistas brasileiros, talvez o melhor de uma geração inteira. Tio Jorge percebeu de imediato o talento desse baiano, que morava na ilha de Itaparica, e fez dele um dos seus pupilos favoritos, ou, melhor dito, um dos seus melhores amigos. Acredito também que estava presente outro célebre escritor baiano, Guido Guerra, amigo íntimo da família Amado, um personagem querido de Salvador e um grande literato. Tio Jorge contava, naquele momento, como havia escrito o livro "*A Morte e a Morte de Quincas Berro D'Água*", uma de suas melhores criações, na minha opinião. "Escrevi tudo em uma sentada", disse ele. Isso significa que ele sentou para escrever e só se levantou quando estava terminado. Uma performance excepcional. "*Quincas Berro D'Água*", não é um livro grande: na verdade há quem chame suas cento e poucas páginas de "novela", o que é muito discutível. Seja o que for, é uma obra brilhante, de um verdadeiro ficcionista e, de certo modo, acredito, um passaporte para entrar no universo privilegiado dos escritores latino americanos do realismo fantástico. Jorge Amado não fez parte desta "turma" talentosíssima de escritores latino americanos a não ser por algumas incursões ocasionais muito bem sucedidas, como é o caso deste livro e de outros, inclusive "*Dona Flor e Seus Dois Maridos*".

O fato, no entanto, é que tio Jorge escreveu esse livro sem pausa, sem respiração, sem intervalo, sem reflexão. Um gesto puro de talento de romancista. Quando ele saiu da roda, lembro que Ricardo Ramos comentou para os outros (e para mim, que estava de tocaia): "Se não fosse o Jorge, eu não acreditaria".

Esse fato me marcou como escritor porque, naquele momento, eu tomei conhecimento do que é um talento à flor da pele, incontrolável, instintivo. O escritor Jorge Amado não foi um perfeccionista da linguagem ou um erudito. Talvez não tenha a mesma habilidade com a palavra escrita que alguns grandes mestres da literatura apresentaram e por isso são admirados. Mas seu talento, a sua capacidade de criação, de desenvolver personagens, é única e inquestionável.

Mas o seu talento não foi o único responsável pelo sucesso que fez em todo o mundo. A verdade é que o fato de ele ter sido militante comunista contribuiu, sem dúvida, para o seu sucesso internacional, principalmente dentro do "mundo de esquerda", ou seja, os países do bloco comunista e todos aqueles que abraçavam essa ideologia.

Um exemplo disso é o cineasta Roman Polanski, que nasceu na Polônia, país ligado ao bloco soviético. Em 1968 ele já era famoso por ter feito alguns filmes importantes na época, como o *"Bebê de Rosemary"*, *"A Dança dos Vampiros"* e *"Repulsa ao Sexo"*. Nesse ano, ele esteve no Brasil e fez questão de ir a Salvador conhecer Jorge Amado. Como polonês, ele teve fácil acesso aos livros traduzidos de tio Jorge e era um grande fã. Esteve na casa do Rio Vermelho principalmente para dizer, com humildade: "o senhor foi o meu autor favorito durante a adolescência". Ele veio acompanhado de um sujeito alto, com um chapelão de cowboy, que permaneceu em silêncio durante todo o encontro, provavelmente intimidade pelo fulgor das duas celebridades. Quando saíram, tia Zélia perguntou quem era afinal aquele sujeito. "Um tal de Jack Nicholson", respondeu tio Jorge, surpreso com a reação entusiasmada da esposa. Verdade que o ator americano naquela época não era tão conhecido assim...

É preciso levar em conta que a comunicação até muito recentemente era restrita e até as pessoas mais conhecidas muitas vezes passam desapercebidas. Por outro lado, também havia quem se aproveitasse disso. Certa vez, em 1990, Jorge Amado estava em Nice, na França, quando recebe uma ligação de Dana Iliescu, apresentando-se como esposa do Presidente da Romênia Ion Iliescu, querendo transmitir-lhe cumprimentos de um chefe de estado e fã. Tio Jorge ficou muito comovido, ainda mais quando se encontrou com a mulher: "um pedaço de mau caminho", disse ele, louvando a extrema beleza e elegância, da "moderna, menor de trinta anos". Admirador de Iliescu, mestre camarada, combatente feroz da ditadura de Ceaucescu, Jorge Amado tornou-se ainda mais seu fã: um presidente de bom gosto e apetite, já sessentão e bem servido. Por dois dias tio Jorge e tia Zélia conviveram com a jovem primeira dama, entusiasmados com sua admiração e dedicação ao marido, e se despediram antecipando saudades. Um ano depois, viram foto em jornal do casal romeno, mas a mulher de Iliescu era uma senhora já vivida, muito diferente do pitéu que se apresentou em Nice. Lógico, pensaram, a outra haveria de ser uma amante, ainda mais íntima do velho sábio. Mas que nada. Logo descobriram que Iliescu era homem recatado, de hábitos convencionais, incapaz de colecionar mulheres além de sua velha senhora. A moça era apenas uma fraude, nada mais. Tio Jorge nunca se conformou com essa história. Por décadas, alimentou a fantasia de que seu ídolo e camarada presidente da Romênia era também um galanteador capaz de arrebatar corações de belas deusas.

O encontro de Jorge Amado com Sartre e Simone de Beauvoir em 1960 ficou famoso. Na verdade, os dois casais já haviam se encontrado algumas vezes principalmente devido às atividades ligadas ao Partido Comunista. Sartre teve uma relação conturbada com o PC francês, com o qual entrou em conflito algumas vezes. Mas era partidário da ideologia socialista, considerou a revolução de Cuba como um grande exemplo para os países da América Latina e apoiava a guerra de libertação da Argélia contra a sua própria França. Num encontro em Paris, conversando sobre as questões sociais e políticas da América Latina, tio Jorge fez o convite/desafio: "venha conhecer de perto os verdadeiros problemas dos países subdesenvolvidos". E não é que Sartre aceitou o convite?

Assim, em 1960 ele e Simone de Beauvoir passaram dois meses e meio viajando pelo Brasil, ciceroneados por tio Jorge e tia Zélia, que se encarregaram de fazer todo o cronograma. Estiveram em várias cidades brasileiras, de São Paulo à Amazônia, e Sartre e esposa causaram um rebolico na imprensa e entre os intelectuais do Brasil. Naquela época, 1960, havia uma onde simpática às manifestações de esquerda e Sartre era uma referência internacional dessas ideias. Foi recebido com galardia até entre os conservadores, como foi o caso de um célebre jantar que teve na fazenda do dono do jornal O Estado de São Paulo, Júlio de Mesquita Filho, de quem ficou amigo apesar da diferença explícita de ideias e ideais. Sartre confidenciou a tio Jorge algumas de suas impressões mais íntimas sobre o Brasil. Observou, constrangido, a fome e miséria que assolavam a maior parte da população brasileira e se recusou a fazer uma palestra na Universidade de São Paulo porque considerava um absurdo encontrar uma Escola de Polícia colada no portão principal do campus. Apesar disso, considerou que a política brasileira rumava para um estado democrático auspicioso. Quatro anos depois, o golpe militar contradizia veementemente as projeções do escritor existencialista.

Nos anos 1960, distante desses assuntos espinhosos, eu era um garoto tímido cheio de sonhos que ficava ouvindo a conversa dos adultos com muita curiosidade e admiração. De modo geral era assim e, particularmente, em várias situações com meu tio. Uma delas foi muito marcante.

Era um sábado e estava acontecendo o tradicional almoço da nossa família. Mas diferente. Além dos meus pais, só tinha eu de casa. Estavam tio Jorge e tia Zélia, Vinícius de Morais e Aldemir Martins.

Vinícius já era uma celebridade internacional naquela época. Reconhecido pelo seu talento e também pelo fato de ser mulherengo e bom de copo. Nesse almoço não foi diferente. Ele bebia cachaça e cerveja. Tomava um copo da pinga e, em seguida, um de cerveja. E dizia "essa é pra mornar, essa é pra mornar". De fato, era um dia quente que deveria esquentar ainda mais com cachaça e só daria mesmo para refrescar com cerveja gelada. Discretamente, eu ria. Não parava de acompanhar o movimento daquela figura, um espanto de gente. Aos olhos do menino, não parecia ser um poeta tão talentoso e admirado, mas um bêbado de olhar cansado, com cabelo comprido e seboso, e uma fala arrastada e impaciente. Que me perdoe Vinícius, grande poeta, grande amigo de meu tio, mas naquele momento ele estava longe de extrair algum tipo de admiração daquele rapazola de dez ou onze anos. Mas eu permanecia ouvindo a conversa dos adultos em silêncio. Um outro convidado me seduzia. Aldemir Martins foi um dos maiores artistas plásticos daquela época e um dos mais populares de todos os tempos no Brasil. Era cearense, mas vivia havia muito tempo em São Paulo e tinha carreira premiada em bienais e exposições internacionais. Lembro perfeitamente de uma coleção de pratos de plástico ilustrada por ele, com um dos seus famosos galos coloridos, uma obra-prima indiscutível perpetuada num utensílio doméstico. Era criticado por ter cedido aos apelos da indústria e comercializado seu talento em troca de dinheiro, o que me parece injusto com a qualidade perene de sua obra.

Aldemir era de uma simpatia comovente. Contava histórias e piadas, puxava todos os tipos de assunto, era astuto e afável, um papo interminável. Gostava de futebol, era corintiano roxo. Tio Jorge escreveu um livro pouco conhecido chamado "*A Bola e o Goleiro*" e convidou Aldemir para fazer as ilustrações. Deste trabalho, ficou famoso o retrato que fez de Rivellino com a camisa da Seleção Brasileira, reproduzido em várias circunstâncias. O livro, praticamente feito a quatro mãos, foi editado na Suécia onde foi premiado e tornou-se um sucesso.

Na época, eu gostava muito de futebol e era corintiano também, e sabia que Aldemir era uma referência no mundo futebolístico – se não me engano, tinha até já sido convidado para fazer comentários na televisão, porque era bem falante e tinha ideias próprias sobre os jogos e os jogadores. Mas eu era muito tímido para puxar papo e, embora não arredasse o pé, também não emitia nenhuma palavra. Tanto é que Vinícius, em determinado momento, perguntou a tio Jorge: "E esse menino, não fala nada, Jorge?". "Ele gosta de futebol", disse tio Jorge, "e é corintiano como você, Aldemir". "Fala com ele, conversa com o menino, Aldemir", disse Vinícius. Naquelas alturas, eu já tinha afundado na cadeira de tanto constrangimento. Mas Aldemir levou o desafio a sério. E puxou papo.

Na verdade, falou e eu ouvi, incapaz de fazer qualquer aparte razoável, além de balbuciar, espantado, um "é verdade...". Lembro que tio Jorge e Vinícius riram muito. Aldemir fez uma reflexão impressionante sobre um jogador do Corinthians, um tal de Benê, centroavante matador que perdia mais gols do que fazia. "Você gosta do Benê, né? Ele fez gol, faz alguns e perde muitos. Sabe por quê? Porque ele não joga, ele finge que joga. Ele finge que corre, mas não corre, mal sai do lugar. Ele finge que pula, mas não pula, não ganha uma disputa de cabeça. Ele só finge. E fica esperando sobrar uma bola para meter no gol. Isso quando ele não perde", dizia ele. E eu respondia, "é verdade", e tio Jorge e Vinícius riam e eu não sabia mais o que falar ou fazer. "Mas o Corinthians vai ser campeão", finalmente eu emiti uma frase mais complexa, embora totalmente estapafúrdia. A verdade é que naquela época o Corinthians amargava um jejum de títulos terrível, além de um tabu dos mais cruéis, anos sem vencer o Santos de Pelé. Dizer naquele momento que o Corinthians iria ser campeão soou de fato como uma piada que fez todas as celebridades da mesa rirem ainda mais de mim, e eu devo confessar que naquele momento eu me senti um pouco mais prestigiado. Não foi a minha intenção fazer graça, mas fiz.

Aldemir passou a mão na minha cabeça e murmurou "vai sim" com o mesmo tom de quem diria "vai não". E emendaria tranquilamente uma outra reflexão futebolística exótica se não fosse pela campainha, que tocou.

Nesse momento, aconteceu um fato marcante na minha vida, do qual tio Jorge foi testemunha e permaneceu como mais um segredo entre nós dois. Apareceu na minha vida a primeira deusa que conheci e reconheci como tal. Pena que não lembro o nome dela e, ao longo de todos esses anos, não me preocupei em fazer pesquisas sobre ela para que a fantasia não se desvanecesse. Quem apareceu porta adentro foi a então mulher de Vinícius – uma morena linda de olhos verdes e um corpo digno da mais bela criação literária do poetinha. Uma deusa. Pelo menos no olhar do menino de precoce sexualidade. Fiquei embasbacado com a visão da musa e tio Jorge percebeu imediatamente. Começou a emitir uma série de sinais eloquentes apenas com o olhar que me lançava, erguendo a sobrancelha, girando a íris pelo globo ocular, fazendo uma espécie de mímica safada que para bom entendedor dispensa palavras. Safadezas era com ele mesmo.

A deusa sentou-se ao sofá, enquanto os homens permaneciam à mesa, como se ela não quisesse interromper a conversa masculina. Mas o garoto tímido, que não conseguia emitir uma frase decente sequer entre aqueles senhores, despertou-se do nada e, de repente, eu me vi sentado ao lado dela conversando como um tagarela nato, contradizendo todos os prognósticos possíveis. Lembro que comentei alguma coisa sobre a tapeçaria que estava pendurada na sala, uma grande peça de Genaro Carvalho, o célebre tapeceiro baiano que fez parte do grande momento artístico da Bahia, da mesma geração de Mario Cravo, Caribé, Carlos Bastos e outras feras da arte. O que falei, não me lembro, mas tratei de impressionar a moça com frases inteligentes sobre arte, arrogância que provavelmente ela deve ter tolerado tendo em vista a minha idade. Mas nesse momento, os três marmanjos se entreolharam sem entender nada. Como, de repente, o menino vira falante? Promissor conquistador de meia tigela? Foram mais ou menos as palavras que ouvi meu tio proferir para seus amigos e que foram concluídas por uma gargalhada coletiva de todos eles. A deusa também riu e eu quase consegui a façanha de efetuar um desaparecimento real. Vinícius em seguida aproximou-se da deusa e com um ar de zombaria, se divertindo da própria graça, abraçou-a e beijou-a marcando seu território contra um audacioso e implacável rival. E eu pensei: "Esse gordo velho bêbado só se dá bem porque faz uns poeminhas vagabundos". Mil perdões, Vinícius, mas o coração não vê fronteiras.

Tio Jorge, abraçado com meu filho, Filipe. À esquerda, minha cunhada, Maria Helena. Ao fundo, a tapeçaria de Genaro, grande artista baiano. que tanto marcou a sala do apartamento de Higienópolis.

Capítulo 7

Encontros no exterior

Jorge Amado passou a vida viajando por todo o globo. Sempre com compromissos profissionais, misturados, obviamente, pelo prazer de fazer e reencontrar amigos que ia semeando por onde passasse. Mas também porque ele tinha aquele vírus da inquietação e da curiosidade que o impulsionava sempre em busca de novos ares, novas culturas, novos horizontes.

Curiosamente, detestava fazer viagens aéreas, não só porque morria de medo de aviões como, também, considerava-as desconfortáveis, desagradáveis e mesquinhas. O que ele gostava mesmo era de viajar de navio, principalmente para a Europa, e usufruir do prazer de alto mar por uma semana ou mais. Também valorizava o fato de poder levar sem limites uma bagagem de rei – no caso dele, as bugigangas baianas, o artesanato, os quadros, os enfeites, os bibelôs, com os quais presenteava seus amigos e consolidava a cultura baiana nos rincões mais longínquos do planeta. Até nesse aspecto ele disseminou a cultura e identidade brasileiras.

Viajar, no entanto, nunca foi uma operação fácil. Principalmente nos primeiros tempos: para aqueles identificados com a militância comunista e partidária, havia restrições para obter vistos em muitos países. Comunistas não eram bem vindos, por exemplo, em muitos países da Europa, como Portugal e Espanha, dominados por regimes autoritários de direita, ditaduras exemplares em truculência e repressão. Nos Estados Unidos, Tio Jorge só conseguiu visto depois de velho, tantas vezes recusado mesmo sendo convidado por autoridades e intelectuais de destaque. Na França, país que sempre deu exemplo de liberdade democrática, também encontrou dificuldades, algumas incompreensíveis.

Em 1945 foi eleito deputado federal pelo Partido Comunista, numa "janela" de legalidade que persistiu por pouco tempo. Em 1948, o registro do partido foi cancelado e seu mandato cassado. Sob ameaça de perseguições e prisão, Jorge Amado resolve se autoexilar e foge com tia Zélia e o filho pequeno para a França. Mas não consegue permanecer lá por muito tempo. Motivos políticos acabaram forçando sua saída do país, restando-lhe praticamente uma última opção: o castelo da União dos Escritores, em Dobris, na antiga Tchecoslováquia. Lá, morou alguns anos com Zélia, João Jorge, seu filho, e logo Paloma, sua filha, que acabou nascendo naquelas terras. Não voltou nem mesmo para acompanhar os últimos dias de Lila, sua filha do primeiro casamento, que com apenas 15 anos, faleceu no Rio de janeiro, nos braços do meu pai.

Era uma vida agitada, interessante, eclética, mas tinha um preço a pagar.

Um dos episódios de viagem que ele mais gostava de lembrar foi em Portugal, país e povo que amava. Era 1974 e havia uma enorme confusão política devido ao fim do chamado Estado Novo português, conduzido pelo ditador Salazar e seu sucessor. Embora fosse de esquerda, o novo governo português na figura do primeiro-ministro Vasco Gonçalves, vivia à beira de um sectarismo modelar, com comportamento stalinista e também ditatorial. Nesse ambiente, Jorge Amado já não era bem-vindo. Tanto é que partiu de Salvador, de navio, com visto para entrar na Espanha (o que já foi bastante difícil), mas sem autorização para entrar em Portugal. O governo não o queria. Mas o povo, os intelectuais, os amigos batalharam para conseguir a permissão enquanto ele viajava pelo mar. Ao chegar, as negociações políticas, feitas pela embaixada brasileira e portuguesa, tinham sido bem sucedidas e ele conseguiu entrar. Foi uma experiência marcante porque, segundo conta, tratou-se da mais emocionante tarde de autógrafos que ele participou. Uma fila enorme, formada por todos os tipos de pessoas, fez com que permanecesse horas autografando exemplares da sua obra, muitos deles em condições precárias, cópias mal feitas que procuravam burlar as restrições do antigo regime de Salazar.

Entre os muitos amigos portugueses que tinha, um se destacava: Francisco Lyon de Castro, um intelectual refinado de esquerda que era seu editor em Portugal, dono da prestigiosa editora Europa-América. Lyon de Castro não só era um grande amigo, como também um grande fã – e responsável pelas memoráveis edições dos livros de Jorge Amado em Portugal.

E é com esse personagem que vivi um estranho episódio patrocinado por tio Jorge.

Em 1977 eu tinha 21 anos e de certa forma carregava o mesmo vírus do meu tio, a inquietação de não parar, de viajar sempre. Juntei uns trocados, tranquei minha matrícula na faculdade de jornalismo e me mandei, com uma mochila nas costas, para a Europa, sem destino, sem plano, sem nada saber. Nos primeiros três meses, viajei pela Península Ibérica – primeiro pela Espanha, depois Portugal.

Entrei nas terras lusitanas pelo Algarve, o adorável litoral português, até chegar em Lisboa. Eu era um jovem típico da época: cabelo comprido, barba, ideias sonhadoras, um jeito meio hippie de ser. Não tinha nada da imagem corrente do que se imaginava do sobrinho de Jorge Amado, ainda que essa imagem pouco tivesse de verdadeira. Era só mais um jovem mochileiro circulando pela Europa, tentando ter experiências, aprender idiomas e fugir um pouco da realidade truculenta da ditadura brasileira daqueles anos duros.

Não era nada fácil para os brasileiros viajar naqueles tempos – se não era proibido, era proibitivo. Havia um indisfarçável mau humor militar com aqueles que queriam deixar o país por qualquer motivo. Em primeiro lugar, para tirar passaporte era preciso depositar mil dólares no Banco Central, o chamado depósito compulsório. Esse dinheiro só seria devolvido um ano depois, sem correção monetária, e a inflação já era bastante significativa. Com isso, o viajante podia comprar mil dólares no câmbio oficial. Se quisesse comprar mais dólares, teria que ser no câmbio negro, quatro vezes mais caro do que o oficial. Havia limite também para receber dinheiro lá fora. Apenas 300 dólares por mês, no câmbio oficial.

Foi nessas condições que eu saí do Brasil para conhecer a Europa. Mil dólares no bolso e a perspectiva de receber 300 dólares todo o mês mandados pelos meus pais, dinheiro que eu havia acumulado trabalhando em pesquisa de mercado em São Paulo. Não era nenhuma fortuna. Ao contrário, eu estava destinado inequivocamente à miséria. Sim, fazia parte dos meus planos trabalhar em hotéis, bares, colheita de frutas ou qualquer atividade semelhante, adequada a jovens estudantes sem paradeiro e dinheiro.

Acontece que não era o caso naquele momento. Antes de sair de Madri, eu tinha pedido aos meus pais que mandassem os benditos 300 dólares para um banco português, calculando que em um mês eu estaria em Lisboa e resgataria a vultuosa quantia para pagar minhas modestas custas. Modestas, sim, porque muitas vezes eu dormia enrolado num *sleeping bag* em praças públicas quando não era importunado pela polícia local. Cheguei em Lisboa praticamente sem dinheiro, o suficiente apenas para comprar alguma coisa num supermercado e poder comer por alguns dias. Eu tinha que resgatar aqueles 300 dólares. Era uma questão de vida e morte, dramaticamente falando.

Então aconteceu o esperado, naqueles tempos de comunicação difícil, sem internet, sem e-mail, sem celulares, sem computadores: o dinheiro não estava no banco. Não adiantava chorar, implorar, agredir e gritar. Simplesmente não havia dinheiro. O que fazer? Só me ocorreu uma ação: ligar para minha mãe, expor o problema e esperar uma solução, já que o dinheiro teria sido mandado por ela ao banco português. Depois de esperar horas na fila da telefônica para conseguir fazer uma ligação para o Brasil (a cobrar, claro), minha mãe confirma que, de fato, mandou o dinheiro, que tinha comprovante, que isso não se fazia, não era direito. Mas vai convencer o funcionário do banco dos meus direitos brasileiros! E até que o comprovante chegasse em minhas mãos, a inconsciência da inanição já teria me tomado. Era preciso uma solução imediata, vida ou morte em jogo, meus pobres 21 anos de vida ameaçados de não evoluírem no tempo. Além disso, eu estava hospedado no Albergue da Juventude de Lisboa, onde, obviamente tinha pendurado solenemente a conta.

A ligação ficou em silêncio alguns minutos, ambas as partes pensando juntos uma solução. Na minha cabeça, circulavam ideias do tipo "emprestar de um banco ou do gerente do albergue", que estava sendo gentil e compreensivo comigo naqueles momentos difíceis. Mas minha mãe pensava em outro modo, o modo "contatos". Quem em Portugal ela conhecia a ponto de ajudar o filho desgarrado, mal alimentado e quebrado?

Claro! Jorge Amado!

Ora, tio Jorge tinha livros publicados em todos os países da Europa e certamente tinha editores que gostavam muito dos números de vendas que ele produzia. Era década de 1970 e os livros dele eram sucesso em todo o globo. E quem era o editor português? Lyon de Castro! Berrou minha mãe do outro lado do oceano. Vai procurar ele, pede um dinheiro emprestado, não tenha escrúpulos, tio Jorge é adorado por onde passa e certamente tem muito crédito na editora Europa-América. Tem certeza? Claro! Não há solução melhor do que essa. É perfeita. Logo teu tio fica sabendo e resolve com o Lyon, pode estar certo.

"Será?" pensei eu, desligando o telefone e sem outra alternativa. Vou ter que procurar esse cara, um intelectual famoso, deve ser muito arrogante, vai tripudiar em cima do meu problema, vai me humilhar... Não, eu não poderia fazer isso nunca.

Tinha 21 anos e era tímido e muito desajeitado socialmente. Além disso eu não estava nem um pouco preparado para encontrar uma celebridade portuguesa, muito menos para dar uma facada nela de no mínimo 100 dólares. Minhas roupas eram de viajante mochileiro. Aquela calça eu usava já havia uma semana, sem lavar. E estava frio, eu vestia o único casaco que tinha e que praticamente ficava colado no meu corpo nos últimos dois meses. Sapato? Neca. Sempre a mesma bota de trabalhador de fábrica, com ponta de metal. Como eu ia aparecer assim? Aparecendo... respondeu uma vozinha íntima preocupada com o destino do meu estômago nas próximas horas. Eu estava sem dinheiro para comer! Claro, sabia que se fosse para o albergue, meus companheiros de estadia compartilhariam o jantar que todas as noites preparavam. Mas a situação era crítica mesmo.

De modo que, sem mais hesitações, ali mesmo na telefônica onde eu tinha ligado ao Brasil, pesquisei o número da editora Europa-América e liguei. Gostaria de falar com o Lyon de Castro, declarei à atendente. Passa para um, passa para outro, acabei na secretária dele. Sou sobrinho de Jorge Amado, estou em Portugal e tenho um importante assunto pessoal para tratar com o Lyon, falei, mostrando uma intimidade que estava muito longe da realidade. A fome desperta instintos desconhecidos.

A secretária sumiu e reapareceu com um horário marcado para aquela tarde e um endereço bastante indecifrável. Eu pedia explicações, mas não as recebia a contento, de modo que desliguei sabendo que arrumaria um jeito de chegar lá.

Com a ajuda do pessoal do albergue, eu consegui me transportar a baixo custo até o endereço e, já esperado, fui solenemente acomodado numa sala ampla de reunião. Pouco tempo depois estava diante do rosto afável de Lyon de Castro, que me lançava um olhar curioso e inquieto. Quem seria esse gajo? O herdeiro literário de Jorge Amado que estaria aqui, com um original embaixo do braço, que faria tanto ou mais sucesso que seu talentoso tio e se tornaria uma mina de ouro brasileira no mercado europeu? Ou só um hippie desgarrado, disposto a obter benefícios em nome do tio famoso?

Sim, eu pressupunha o que aquele digníssimo intelectual português estaria pensando a meu respeito e constatando que a segunda hipótese estava muito mais perto da verdade do que a primeira. Eu já era um aspirante a escritor e, inclusive, já tinha mandando alguns contos bastante modestos para tio Jorge avaliar. Mas não podia sequer imaginar que aproveitaria a situação para exibir meus talentos literários. A fome falava primeiro e eu só conseguia pensar no impacto que meu pedido provocaria naquela reunião.

E então, blá, blá, blá, blá, conto minha triste saga e disparo: preciso de 100 dólares para pagar minhas despesas e voltar a Madri, onde teria com certeza dinheiro no banco.

Eu senti que decepcionei meu interlocutor. Sabe quando você sente? Ele teve praticamente nenhuma reação, mas percebi que estava decepcionado. E quem não estaria? Até eu mesmo estava.

Mas Lyon era um representante da melhor estirpe portuguesa, um nobre, um *gentleman*. Não deixou transparecer sua decepção e imediatamente tomou providências para me entregar o dinheiro. Verdade: me fez assinar um documento que ele justificou ser necessário para "a contabilidade". Mais do que isso, colocou-me à disposição uma Mercedes com motorista e uma belíssima guia, funcionária da editora, que me levariam para um passeio turístico pelas redondezas. Mais uma história das minhas contradições: duro, faminto, mal vestido e molambento, dentro de uma Mercedes com motorista e acompanhado por uma princesa lusitana com a qual eu casaria imediatamente se essa fosse uma opção.

O resto da história foi convencional: comi, fui a Madri de ônibus e retomei o prumo da viagem. Mas com um detalhe: meses mais tarde minha mãe conta que quando tio Jorge soube da minha desventura, mandou afobadamente um "monte de dinheiro" para o Lyon, com a finalidade de cobrir meu empréstimo e sobrar mais um pouco para mim, sem saber que eu já tinha ido embora.

E por meses, anos, décadas eu considerei que tenho um crédito com o Lyon, o saldo do dinheiro de tio Jorge, que certamente hoje, levando-se em conta os juros e correção monetária, seria quantia suficiente para eu descansar o resto da vida sem me aborrecer em escrever livros e relatos sobre meu tio.

Mas não foi a única situação com tio Jorge que passei nessa longa viagem de mochileiro na Europa. Três ou quatro meses depois, eu estava em Paris, passando uma temporada lá. Tinha ajeitado minha vida e fazia um cursinho de francês somente para justificar minha estadia. Por meio de contatos com brasileiros, encontrei um apartamento que passei a dividir com um colombiano, um chef de cozinha com um bom emprego em restaurante de Paris. Também por meio de conhecidos, consegui um trabalho razoável no *banlieu* de Paris, fazendo crepes, salgadas e doces. Tinha uma vida modesta porém sustentável e ainda mais interessante porque conheci uma angolana refugiada, jovem como eu, com a qual estabeleci uma doce relação, com todos os privilégios embutidos.

Então eu soube que tio Jorge estaria em Paris por alguns dias. Minha mãe me passou as datas e o local, um pequeno hotel no *Quartier Latin* onde tio Jorge sempre ficava quando ia à cidade francesa. Ele adorava Paris. Falava francês fluentemente, embora com um forte sotaque baiano, e sentia-se em casa, já tantas aventuras vividas naquele lugar, através das décadas. Nos últimos anos de vida, ele acabou comprando um pequeno apartamento em Paris e morava lá, com tia Zélia, breves temporadas que alternava com a casa do Rio Vermelho.

Naquele momento, no entanto, ele era uma celebridade hospedada num modesto hotel de *Quartier Latin* e eu fui encontrá-lo. Ele e tia Zélia me receberam afetuosamente como sempre e retomamos uma conversa que tinha sido interrompida meses antes. Eu já era adulto e ousava dizer que seguiria a carreira de escritor. Tio Jorge sabia muito bem disso e nossas conversas começaram a ter um tom mais profissional, mais literato. Sentados no hall do hotel, pedimos uma cerveja e conversamos sobre os nossos dois assuntos favoritos: literatura e mulheres – 90% mulheres. Tia Zélia, ao nosso lado, ria e censurava de maneira bem humorada o monte de besteira que a gente falava, ainda que fosse com ar de intelectuais discorrendo sobre temas sérios. O assunto principal foi minha namorada angolana. Era sempre a primeira pergunta que ele fazia: quem eu estava namorando, estivesse eu em São Paulo, Paris ou no deserto do Sahara. Não queria apenas o nome e uma breve descrição. Queria saber detalhes, os mais minuciosos possíveis, e à medida que eu ia contando, me sentia impelido a contar mais porque a curiosidade dele não tinha fim. Mas sempre foi assim e não seria em Paris que nossas conversas teriam outros temas.

Izabel vivia em Paris como uma espécie de refugiada da guerra que acontecia em Angola. O país sofreu com conflitos militares por décadas. Primeiro foi a guerra de independência de Angola, que perdurou de 1961 a 1974, quando, por fim, o país se libertou da condição de colônia portuguesa. Mas logo imediatamente as duas principais facções que apoiaram a guerra de independência entraram em conflito para disputar o poder, ainda que ambas sustentavam ideias socialistas semelhantes. Esse conflito virou uma verdadeira guerra em 1975, uma guerra cruel e sem limites que acabou sendo uma projeção da guerra fria, do conflito entre as duas maiores potências do planeta na época, Estados Unidos e União Soviética.

Assim, a família de Izabel, que era de elite em Angola, refugiou-se em Portugal e Bel logo depois decidiu morar sozinha em Paris. Era muito jovem, como eu, mas articulada. Quando eu a conheci, era secretária numa clínica de oftalmologia e vivia num *studio* num bom bairro da capital francesa.

Contei essa história toda para ele, procurando elevar um pouco o tom da conversa, já que se tratava de mais uma saga de refugiados políticos, o que era um assunto frequente e intenso da época. Ele ouviu maneando a cabeça, mais ou menos sério, e daí lembrei que tinha comprado uma foto de um lambe-lambe que nos flagrou passeando num parque de Paris. Mostrei a foto a ele. "Pitéu", disse tio Jorge. "As angolanas são muito boas". Perguntei como ele sabia disso. Ele não se constrangeu com a presença de tia Zélia: "Lábios carnudos e bunda gostosa", resumiu. Bom... não pude deixar de lhe dar razão.

Nossa conversa terminou de maneira soberba. Ao me despedir, ele enfia a mão no bolso e tira de lá uma nota de 500 francos, a mais valiosa do sistema monetário francês. Equivalente, na época, a 125 dólares, uma verdadeira fortuna para mim. E me diz, "é pra você convidar a angolana pra jantar". Grande tio! Eu me alimentava em restaurante universitário pagando 4 francos (1 dólar) por refeição, burlando a fiscalização, que exigia documento de estudante francês para usufruir do benefício.

Naquela mesma noite, eu e Izabel fomos a um aconchegante bistrô, onde pedimos pratos individuais, uma tábua de queijo e um bordeaux bastante razoável. E brindamos em homenagem ao grande escritor Jorge Amado.

Capítulo 8

A fazenda

Muitos que conhecem a história da nossa família perguntam onde estão as fazendas de cacau e os fazendeiros Amados. Para alguns, Jorge Amado passou a vida numa casa de fazenda de cacau no sul da Bahia, conduzindo as plantações e, nas horas vagas, escrevendo romances. Nada mais distante da realidade. Jorge Amado saiu de Ilhéus com nove anos e nunca mais voltou, a não ser por razões emocionais e familiares. Em relação ao cacau, só tinha interesse literário.

Mas, sim, até mais ou menos 1990 havia uma grande fazenda de cacau no "roça" de Ilhéus pertencente aos herdeiros dos meus avós: meu pai, tio Jorge e tio James. Ela virou pó também graças à minha decisiva contribuição. Depois de uma complexa negociação, as fazendas de cacau da família foram finalmente vendidas por uma quantia se não irrisória, pouco significativa. Meu pai ficou com a sua parte e me ajudou a comprar uma casa na zona oeste de São Paulo. A casa era modesta e em péssimo estado e foi necessária uma reforma extensa, durante mais de um ano, para torná-la habitável. Mudei para lá com minha então esposa e meu filho quando a casa ainda estava inacabada e quando a reforma terminou, eu me divorciei e fui morar de aluguel. E assim parte da fazenda dos Amados sumiu nas minhas mãos.

É uma pena, porque não foi nada fácil para meu avô conquistar aquelas terras e alguns dos livros de Jorge Amado contam bem o que foi a luta pelas terras do cacau.

Foram conquistas gloriosas dos meus avós que, apesar de terem prosperados, tiveram muitos altos e baixos e uma vida nada fácil. Era uma região inóspita, subdesenvolvida, acometida por doenças e instabilidade climática, sem lei e uma organização social extremamente injusta. Em outras palavras, não era nada fácil aportar naquelas terras, se apoderar do seu quinhão, cultivar o cacau e ser bem sucedido. Muitos foram, mas nem todos conseguiram sobreviver.

O Coronel João chegou naquela região, vindo de Sergipe, para ganhar a vida com o cacau. Ele tinha aquele jeito nordestino de ser, calado, atarracado, sem pescoço e uma expressão facial que se eternizou na família Amado, um ar desafiador e cômico em relação à vida. Mas Tio Jorge, tio James e meu pai, os filhos, gostavam de fazer graça construindo um personagem fictício que estava bastante longe de corresponder o que realmente era o vô João.

Na versão deles, seu nome original não era João, era Johanssen, um alemão nascido em Düsseldorf pertencente a uma nobre família de prussianos, cujo pai, um grande general, se confrontou com Napoleão, numa batalha em que, é claro, derrotou o déspota francês. Johanssen veio ao Brasil seduzido por uma jovem donzela cujo retrato circulou pela Europa numa alusão às belezas naturais dessa nova terra chamada Brasil. Foi suficiente para o nobre alemão se apaixonar e decidir dedicar sua vida a encontrar e desposar a ninfa dos seus sonhos – uma verdadeira princesa dos trópicos que levava vida solitária nas agruras do sertão de Sergipe, cercada de mimos pela família, moça pura e doce como uma poesia romântica. Para Johanssen, um homem da melhor estirpe, belo e sedutor com seus cachos dourados, olhos verdes e mais de um metro e noventa, poliglota fluente em quatro idiomas e um verdadeiro nobre, não havia nenhuma mulher no planeta que não pudesse seduzir. Esse verdadeiro gentleman aportou em terras sergipanas, com suas roupas europeias, seus acessórios de prata, suas botas que rangiam e ecoavam sua presença disposto a tudo para conquistar aquela flor do sertão, cujo nome ele mal conseguia pronunciar: Eulália. E por isso mesmo, ele a chamava apenas de Lalu. O encontro deu-se de maneira furtiva: a mãe de Lalu, uma senhora de grande dignidade, mas rígida e inflexível como uma raiz de cacto do sertão, estranhou aquele ser de cabelo amarelo, olhos de vidro e roupas que pareciam homenagear deuses indígenas, e criou resistência para a união da sua jovem filha. Aquele alemão era de "nacionalidade estrangeira", ou seja, boa bisca não haveria de ser e certamente se aproveitaria de sua filha, faria maldades e logo sumiria a bordo de um navio rumo às terras da pimenta preta e dos homens de longos bigodes. "Não!" disse ela, ainda que o nobre alemão acenasse com fortunas compostas de terras, pedras preciosas e uma gigantesca criação de porcos com mais de 500 quilos de peso cada um. Mas nada disso compensaria o valor de sua doce filha, de beleza única, pura como ouro, pensou a mãe. E não houve outra alternativa ao nobre alemão senão raptar a donzela e carregá-la para as terras mais aprazíveis no litoral sul da Bahia. Lá, Johanssen formou família, abriu a mata a facão, instalou fazenda e implantou o cacau nas roças, encontrando prosperidade e fortuna. Dessa união bem sucedida, surgiram os rebentos que se tornaram sábios contemporâneos. Uma família de nobres.

Por algum tempo eu cheguei a acreditar nessa versão cômica da história da família, principalmente contada com a verve e imaginação de meu pai e tio Jorge. De certa maneira, é uma história verdadeira, porque afinal não há um limite claro entre a ficção e a realidade, uma fronteira tênue que normalmente passa despercebida ao olhar imaginativo da família Amado.

Verdade é que vô João não devia ter mais de 1,60, tinha cabelo duro, era atarracado e gordinho e seu sotaque de nordestino estava longe de ser confundido com o acento alemão, ainda que às vezes fosse tão incompreensível quanto. Quanto à Lalu, a bela princesa do sertão, tinha na verdade ascendência indígena.

Lalu e coronel João formavam um casal liliputiano, pequenos, de braços e pernas curtas, e um jeito agreste e seco como o sertão. Mas eram doces criaturas, afáveis e carinhosas, fruto talvez até mesmo da vida que tiveram.

Tio Jorge e Lalu de vez em quando contavam alguns trechos da história do cacau de uma maneira íntima, familiar. E esse conhecimento ficou consolidado na cultura dos Amados como uma carga genética inevitável.

O cacau não é um fruto original de Ilhéus ou da Bahia. É da Amazônia. No século XVIII ocorreu a importação de mudas de cacaueiros amazônicos para o sul da Bahia, conduzida por algum visionário desconhecido. A planta gostou dessa terra, principalmente do clima quente e úmido da região, e se proliferou com abundância. No começo do século XX, Ilhéus foi reconhecida pelo governo brasileiro como produtora de cacau e suas terras foram oferecidas gratuitamente para quem quisesse se dedicar à cultura do fruto precioso. Se o governo doava as terras a quem quisesse, isso significava que era preciso lutar por elas, porque afinal, gerava riqueza. Os nordestinos, vindos de todos os estados, mas principalmente de Sergipe, foram os que mais chegaram naquelas terras, inclusive meu avô. Em dez anos, a população explodiu, a região se transformou e o luxo e riqueza desfilavam pelas ruas de Ilhéus. Foram erguidas grandes construções, prédios públicos, teatro municipal e, principalmente, um porto, pelo qual partiam navios carregados de cacau e chegavam estrangeiros, prostitutas, marinheiros, empreendedores, comerciantes e todo o tipo de gente à procura de tesouros. Esse movimento desenvolveu uma cultura eclética em Ilhéus, formada por muitas influências estrangeiras e uma certa cultura internacional.

Tudo isso por causa do chocolate, uma espécie de manjar divino apreciado com a mesma intensidade no mundo todo. E é do cacau, e só dele, que é fabricado esse manjar. Na verdade, o que mais vale no fruto é sua semente, também chamada de amêndoa, que deve ser seca, torrada e triturada até virar um pó grosso antes de se transformar em chocolate por meio de várias receitas e combinações de ingredientes. Em volta da semente, há uma polpa esbranquiçada que se presta a fazer doces, sucos, geleia, licores e até vinho – mas sem um valor comercial significativo.

Tio Jorge já era um escritor bem conhecido, apesar de ainda jovem, quando, na década de 1930, o cacau conheceu seu auge em termos de produção e de valor de mercado. Meus avós estavam razoavelmente bem de vida e isso certamente foi de grande ajuda para o escritor e seus irmãos, entre eles o meu pai. Mas desde essa época, até a venda da fazenda, muito pouco tempo e interesse foram dedicados a esse patrimônio familiar.

Meus avós foram para o Rio de Janeiro ficar com os filhos e a fazenda foi conduzida e administrada por parentes locais. Transformou-se num assunto obscuro, raramente abordado. O único que fez alguma coisa por ela, durante todos esses anos, foi o meu tio James, o mais moço dos três. "Tenente", como chamava minha avó, visitava algumas vezes por ano a fazenda e confabulava com os parentes que cuidavam dela. Houve uma época em que o cacau passou a ser um assunto da família por um breve tempo, trazido por tio Jorge. Foi na década de 1980, quando uma série de fatores impeliu Ilhéus a uma desastrosa decadência. O cacau, durante décadas, foi o grande tesouro da cidade, mas era monocultura. A economia da cidade dependia das flutuações do mercado e das condições da produção agrícola. Em meados da década, o fenômeno *El Niño* provocou uma seca brutal na região, inibindo a produção de cacau. Os preços do mercado internacional estavam em queda e, para piorar, ocorreu a incidência da vassoura-de-bruxa, uma praga que compromete a produção específica do cacau. É uma doença provocada por um fungo que produz um "superbrotamento" na planta, reproduzindo exageradamente as células como uma espécie de câncer. Esse "bichinho" adorou os cacaueiros do sul da Bahia e dominou as plantações e a região, que era a maior produtora de cacau do Brasil, teve sua produção reduzida em 60% por causa da peste. E, surpreendentemente, o Brasil, que era um dos principais exportadores de cacau, passou a ser importador. Hoje, a Costa do Marfim, pequeno país africano, é quem lidera o ranking dos produtores de cacau, dominando quase metade do mercado internacional deste produto.

Atingida pela vassoura-de-bruxa, a fazenda dos Amados ficou à míngua, conduzida bravamente por parentes da região. Vender as terras não foi totalmente insano assim e nem eu fui o grande culpado desse infortúnio.

Ainda que sem nossos Amados, Ilhéus sempre foi e sempre será a terra deles, a nossa. As lembranças de tio Jorge (e de meu pai) estão espalhadas em cada canto, na pequena pracinha central, no bar Vesúvio, no bar *Bataclan* (reformado), o mar sobre as praias extensas de areia branca, o calor abrandado pelas chuvas ocasionais, os canais que cercam a cidade – em cada um desses pontos ou em todos eles há um pouco de Jorge Amado. Não, não é bem isso. É o contrário. Jorge Amado, e nosso sangue Amado, é feito de cada um desses pequenos detalhes da cidade de Ilhéus. Tio Jorge era envolto pelas lembranças de Ilhéus, ainda que tenha morado lá apenas na infância. Ele sempre comentava que foi a cidade de Ilhéus, sua vivência nos primeiros anos de vida, que deram combustível e substância à sua carreira de escritor.

Quanto a isso, nunca houve dúvidas. Mas um determinado episódio reforça essa conexão. Era agosto de 1994, e, por conta de uma série de coincidências (ainda que elas não existam), me envolvi na produção de uma peça baseada em seu livro *"O Menino Grapiúna"*, escrito sob a influência dos ares da sua infância em Ilhéus. Grapiúna é o nome que se dá para quem nasceu em Itabuna, cidade vizinha a Ilhéus, cujo município engloba Ferradas, o vilarejo em que tio Jorge nasceu.

A peça recebeu o convite da prefeitura de Ilhéus para fazer três apresentações na região, duas no teatro municipal e uma em Itabuna. O pretexto era o aniversário de 83 anos de tio Jorge, que ocorria em 10 de agosto, exatamente no primeiro dia de apresentação da peça. E ele esteve presente. Mais do que isso, encerrada a peça, ele subiu ao palco para falar algumas palavras e durante 40 minutos, empunhando o microfone, não se concedeu uma pausa para refletir ou engasgar. Falou sem parar. E o principal assunto era o seu amor incondicional, sua identidade e sua gratidão à Ilhéus. Verdade que seu discurso foi algumas vezes interrompido por gargalhadas que acompanhavam algum palavrão proferido por ele ou alguma de suas histórias sempre impagáveis. Eu permaneci no palco filmando-o com uma pequena câmera, mas o vídeo foi imediatamente incorporado ao acervo pessoal do diretor da peça que o cercou de ciúmes quase doentio (o leitor deste livro também poderá ver o vídeo). E, é claro, ele não poderia deixar de fazer algum gesto safado em minha direção, me instigando com olhares cúmplices em direção à atriz bonitinha que passava a peça toda com os peitos generosamente descobertos para deleite da população masculina do teatro. Os Amados não têm idade para certas atividades. E para provar isso, eu cito a história do meu próprio pai que, tendo enviuvado aos 79 anos, casou-se um ano depois, iniciando um verdadeiro matrimônio octogenário.

Embora tio Jorge e meu pai tenham casado duas vezes, não se pode dizer que eles fossem os exemplos mais safados dos Amados. O proprietário desse título é, por direito e circunstância, o mais novo dos irmãos, James Amado. Tio James dizia orgulhoso que havia se casado cinco vezes e num curtíssimo espaço de tempo. Há quem diga que não foram casamentos verdadeiros, o que é desmerecer suas companheiras. Só conheci uma de suas mulheres, minha tia Luíza, filha de Graciliano Ramos, que permaneceu com tio James por mais de 50 anos – mais um exemplo de amor romântico dos Amados. Esse casamento consolidou a união entre as famílias Ramos e Amado, que se entrelaçaram numa combinação literária promissora, mas nunca realmente cumprida como se podia esperar. Fernanda, a filha de tio James com tia Luiza é, ao mesmo tempo neta de Graciliano Ramos e sobrinha de Jorge Amado. Estava, pois, predestinada a ser... médica! Uma competente oncologista que nunca escreveu uma frase literária na vida. Assim, enganam-se aqueles que pensam que a vocação está no gene – e se está, convenhamos, não é válida para o ofício da literatura.

Dos cinco alegados casamentos de tio James, três deles foram perpetuados com filhos. Primos espalhados pelo país com todas as características principais dos Amado: gosto pela leitura e pelas expressões humanas, agudo senso de justiça e preocupação social – o ser humano acima de tudo.

Em muitos casos, a valorização das mulheres – porque esse, afinal, é um traço forte dos Amados homens. Tio James com certeza era um deles. Contava seus casos e aventuras amorosas e sexuais com a maior desenvoltura e com todos os detalhes imagináveis ou não. Muitas vezes rindo às gargalhadas. E na frente de quem estivesse perto, esposas, filhos, pais e, claro, sobrinhos. Nunca teve papas na língua.

Mas, afora esse pequeno detalhe de comportamento, James Amado era um intelectual altamente sofisticado – e respeitado como tal. Tio Jorge adotou-o desde sempre, elogiando seus conhecimentos e sua qualidade literária. Dizia sempre que o verdadeiro escritor da família era James Amado. Importante: o nome dele se pronuncia em "baianês". É Jâmes e não Jeimes, como os mais apressados insistem em pronunciar. Apesar de tio James ter escrito apenas um livro, seu trabalho literário é notável. Provavelmente todos os escritores baianos, principalmente os em começo de carreira, mas também os velhos experientes, submetiam seus originais ao parecer de James. Tio Jorge era um deles e se tinha que ouvir a opinião de alguém, era do irmão.

Por conta disso, passaram a vida toda muito próximos, vivendo fisicamente um do lado do outro. No Rio de Janeiro, onde viveram muitos anos, tio Jorge morava na rua Rodolfo Dantas e tio James na rua República do Peru, as duas em Copacabana, apenas algumas quadras distantes uma da outra. Quando tio Jorge resolveu voltar para a Bahia, depois de ter comprado a casa do Rio Vermelho, não demorou muito para que tio James o acompanhasse. Mas não foi apenas para seguir o irmão. Nessa época, 1964, James Amado era assessor de imprensa da Petrobrás e, com o golpe civil-militar, foi cassado, assim como muitos outros. Tio Jorge então insistiu para que ele fosse morar na Bahia onde, pelo menos, teria o suporte do irmão famoso para conseguir se readaptar a Salvador e fazer alguns trabalhos. Com dez anos de diferença entre os dois, tio Jorge foi uma espécie de pai para ele, sempre prestigiando-o e exaltando suas qualidades – que eram muitas, mas nem sempre reconhecidas. Uma das mais significativas expressões de seu trabalho foi o resgate e a edição das obras completas do seu conterrâneo Gregório de Matos. Foi o primeiro poeta que pode ser considerado genuinamente brasileiro (muito embora tenha vivido na época da colônia e, portanto, é, tecnicamente, luso-brasileiro) e um dos melhores. Nascido em Salvador em 1636, ganhou o apelido de Boca do Inferno, tal era a sua falta de pruridos para tecer uma poesia safada, erótica, sarcástica, maravilhosamente cruel. Um crítico por excelência e um grande poeta. Fazia versos corrosivos contra o comportamento da nobreza baiana, muitas vezes enveredando pelo erotismo e pornografia. Nos primeiros tempos de Brasil, já existia um poeta rebelde, maldito, que chegou a ser perseguido por causa de seus versos chocantes, e não chegou a ser publicado em vida.

Tio James não foi o primeiro a tentar resgatar sua obra a partir de diversos códices. Mas a seleção e edição que fez da poesia de Gregório de Matos é considerada a melhor e a mais confiável. Lendo essa obra é possível identificar uma certa relação entre o poeta maldito e alguns de nós, Amados. Tio James e tio Jorge sempre perceberam isso – e valorizaram os aspectos mundanos da vida, promovendo-os à mais pura literatura. No fundo, somos todos um pouco Gregório de Matos.

Capítulo 9

Com meu pai

Tio Jorge tinha um grande espírito familiar: preservava as relações, agrupava os parentes, se dedicava a isso. E conseguia. Não porque fosse um escritor famoso e reverenciado. Talvez isso tenha ajudado. Mas o fundamental era o seu carisma, um poder enorme de convergir a atenção de todos e uma grande generosidade com as pessoas que amava. Isso explica também o fato de ter tido tantos amigos, inumeráveis, celebridades ou não, espalhadas pelo planeta. Ele podia ser tanto amigo do pintor Pablo Picasso, como do presidente francês Miterrand ou de uma anônima comissária de bordo – e sempre com a mesma intensidade e respeito. Podia ser grande amigo de adversários políticos, sem lhe faltar apreço e atenção. Durante o primeiro governo de Getúlio Vargas, no chamado Estado Novo, a repressão foi imensa, com episódios de prisões injustificadas e torturas. Jorge Amado foi preso várias vezes e, pior que isso, teve seus livros queimados em praça pública, uma violência inexplicável. Conta-se, inclusive, que houve um encontro entre ele e Getúlio Vargas. O presidente rapidamente manifestou-se, declarando que apreciava muitos seus livros, que lhe tinha muita admiração e considerava-o um ótimo escritor e um grande homem. Jorge Amado, demonstrando mais surpresa do que mágoa, perguntou ao chefe de Estado: "Então por que você me prende e manda queimar meus livros?". Ao que Getúlio responde: "É a política, meu caro, é a política".

Ser amigo íntimo de políticos com pensamentos opostos ao seu nunca lhe foi um problema, pelo menos depois que abandonou o Partido Comunista. Mantinha sempre suas convicções ideológicas, mas tinha intimidade com políticos com ideias opostas às suas, como o governador Antônio Carlos Magalhães e o presidente José Sarney, para quem Paloma, filha de tio Jorge, trabalhou como secretária executiva durante seu mandato de presidente.

Por outro lado, ele tinha desafetos e provavelmente não eram poucos. Mas guardava discrição sobre os motivos das discórdias e, principalmente, não citava nomes. Certa vez comentou sobre essas "personas non gratas" – amigos que deixaram de ser. Ele dizia que tinha um cemitério particular onde enterrava essas ex-amizades e lá deixava para sempre, relegadas ao esquecimento eterno – a ponto de nem sequer pronunciar seus nomes.

É difícil, muito difícil, imaginar a ira de tio Jorge. Normalmente, o seu comportamento era extremamente afável, cordial, amistoso – um verdadeiro bonachão carismático. Principalmente com a família.

A relação que manteve a vida toda com seus irmãos é de fazer inveja a qualquer um. Dos três, meu pai era o "diferente" – tanto é que ao dedicar o livro "Os Velhos Marinheiros" ao meu pai, escreveu: "a Joelson, tranquilo irmão de literatos".

Considerava-o um irmão sisudo, sério, fechado, sem aquele espírito debochado e irreverente dos outros dois irmãos. E tinha motivos. Joelson Amado formou-se pediatra e adquiriu especialização em neurologia. Foi chefe da pediatria do Hospital do Servidor, em São Paulo, por décadas e teve um consultório na rua Itapeva, travessa da avenida Paulista. Minha mãe, depois de se formar em ciências sociais, fez fonoaudiologia e por muito tempo teve também uma sala nesse consultório onde tratava pacientes particulares, mas na verdade foi fonoaudióloga da Apae, Associação de Pais e Amigos de Excepcionais, por 35 anos.

Meu pai, Joelson Amado, e tio Jorge eram muito ligados, irmão inseparáveis (junto com tio James), mesmo estando distantes. Um exemplo de harmonia.

Enquanto foi um "médico respeitado", meu pai fez o figurino que se esperava dele: atencioso, compenetrado, extremamente fechado, muito sério. Mas então aconteceu um fato novo. Com apenas 40 anos, começou a perder a visão, fruto de uma degeneração da retina, que vai gradualmente provocando a cegueira na visão central, num processo lento, mas inevitável. Joelson, no entanto, demorou para revelar a doença: manteve-se isolado e em segredo por alguns anos, até que não foi mais possível esconder o fato. Quando o problema foi escancarado, tio Jorge enlouqueceu, no bom sentido. Quis ajudar de qualquer jeito e começou a pesquisar e "mexer os pauzinhos", ao contrário do meu pai, que parecia conformado. Então conseguiu marcar uma consulta imediata com o disputado oftalmologista Hilton Rocha, que clinicava em Belo Horizonte. Era um nome muito badalado na época que, segundo diziam, tinha atendido o jogador Tostão, cujo drama paralisava o país pouco antes da Copa do Mundo de 1970 no México. Tostão tinha deslocado a retina depois de levar uma bolada do zagueiro Ditão, num jogo entre o Cruzeiro e o Corinthians. E estava ameaçado de perder a visão do olho esquerdo e não participar da Copa – na qual, afinal, se tornou um dos melhores jogadores.

Graças à moral de tio Jorge, Hilton Rocha, muito ocupado, atendeu imediatamente meu pai e iniciou um tratamento que, embora não tenha curado, conseguiu deter o processo da doença que o levaria à cegueira total e permanente. Meu pai ficou com a visão limitadíssima, mas não cego.

Tio Jorge não se contentou. Continuou pesquisando o assunto e as alternativas e acabou encontrando um oftalmologista em Paris que trabalhava com instrumentos óticos capazes de melhorar a qualidade da visão para casos como os do meu pai. E lá foram todos para Paris, fazer exames, testes e consultas. Tudo por conta de tio Jorge – e naquela época as viagens para a Europa eram bem mais caras. Voltou de lá com algumas soluções. A principal delas era um instrumento para permitir que ele lesse – adorava livros, principalmente poesia. O tal instrumento era, na verdade, um par de lunetas acoplado às lentes dos óculos, de tal maneira a permitir uma grande aproximação do texto, ainda que o campo de visão fosse bem restrito. Uma imagem que guardo do meu pai é ele lendo com o livro quase grudado na cara. Esse mesmo problema acometeu tio Jorge muito mais tarde, quando ele tinha mais de 80 anos e foi um fator importante para a sua morte. Mas essa é uma outra história.

Depois de estabilizada a degeneração da retina, meu pai teve que se aposentar: não era possível continuar clinicando com a visão que lhe restava. E, com menos de 60 anos de idade, viveu uma grande transformação, acompanhada com muito gosto e divertimento por tio Jorge. Meu pai começou a fazer atividades variadas, desde curso de francês até aulas de desenho, o que, convenhamos, é bastante bizarro para quem é praticamente cego. Mas o que ele gostou mesmo foi do curso de teatro para a terceira idade do Sesc Vila Nova. Daí ele se deu bem. Tinha um bom porte, boa presença física, um vozeirão e cabelos totalmente brancos, abundantes. Era uma figura imponente, que se destacava no palco entre os idosos. Destacava-se tanto que acabou chamando a atenção de um diretor de teatro e foi convidado a participar de uma peça infantil apresentada em circuito profissional.

A notícia espalhou-se pela família baiana e meus tios, Jorge e James, ganharam um conteúdo inesgotável para piadas. Principalmente porque toda aquela seriedade, introspecção e reserva do doutor Joelson Amado tinham sido substituídas por um desprendimento e uma animação inconcebíveis. Desbundou, como ele dizia na época, um termo muito usado para definir uma mudança brusca para um comportamento fora do padrão, irreverente, dedicado a curtir a vida sem compromissos.

Nessa época, tio James vinha mais para São Paulo, fazer os negócios dele, e participou bastante da vida do meu pai. Mandava relatos divertidos para tio Jorge que simplesmente não acreditava na mudança de comportamento do médico sisudo. Mas a vida dele mudou para sempre. Minha mãe também se aposentou e, ainda que vivessem mais modestamente, passaram a curtir a vida do jeito que gostavam, saindo todas as noites para ir a concertos, para dançar, para visitar amigos e fazer programas culturais. Viveram juntos por 51 anos em mais um exemplo de amor romântico. Quando minha mãe morreu, meu pai tinha 79 anos e sofreu muito com a ausência dela. Mas logo se recuperou, voltou a sair à noite, a conhecer outras mulheres e um ano depois resolveu morar com uma de suas namoradas, a Lúcia, com

A fiqueira do jardim da casa do Rio Vermelho, ao pé da qual, no lugar favorito de tio Jorge, os três irmãos posam para a foto. Nesse mesmo lugar, estão as cinzas dos três.

quem ficou até morrer, quatro anos depois. Lúcia era uma médica de 65 anos, muito apaixonada por ele. Quando meu pai morreu, ela atendeu ao seu pedido: levou suas cinzas para a Bahia e depositou-as no jardim da casa do Rio Vermelho, ao pé daquela mesma figueira onde estão as cinzas de tio Jorge.

Foi um desfecho que contemplou a relação dos irmãos, muito estreita, apesar da distância. Tio Jorge ligava frequentemente para o meu pai, mas sempre muito cedo. Lembro bem dessa cena: meu pai na penumbra do nascer do dia, deitado na cama falando ao telefone com tio Jorge, enquanto minha mãe dormia profundamente. Eu não entendia quase nada do que falava. Meu pai morou mais de 50 anos em São Paulo e seu sotaque baiano, ainda que presente, foi-se atenuando. Mas quando falava com tio Jorge, aquela baianice toda voltava integralmente. E ele ficava ali falando aquele dialeto toda cantado, com voz rouca de coronel, anasalada, praticamente incompreensível. Na verdade, o que falavam parecia não ter muito sentido mesmo, não havia solução de continuidade. Conversavam e riam desencontrados e não importava porque, no fundo, queriam apenas ouvir a voz um do outro, salvo quando havia algum assunto sério a ser tratado, o que era raro. Geralmente, meu pai desligava o telefone e voltava a dormir, tolerante com tio Jorge, que fazia questão de ligar nas primeiras horas do dia.

Segundo tio Jorge, não era só uma questão de hábito, mas também de necessidade. Dizia frequentemente que ele funcionava bem só até as dez da manhã, depois disso "ficava burro". De manhãzinha, no entanto, acordava como um furacão. Falava alto, fazia todo mundo levantar-se, tomava providências domésticas, pendurava-se no telefone e não sossegava, até que sua secretária chegasse. Daí ele sentava-se com ela na mesa de jantar, bem no meio da sala, e despachava. Normalmente eram respostas às cartas que recebia, muitas. De amigos, editores, escritores, políticos, mas, também, muitas de leitores, escritores anônimos e admiradores. Respondia a todas. Ditava a resposta para a secretária bater à máquina, relia o texto, acrescentava uma frase carinhosa à mão e assinava. Nunca soube de alguém que tenha mandado uma carta para ele sem obter uma resposta gentil e atenciosa. Além disso, não era preciso nem escrever o endereço: bastava colocar "Jorge Amado" no envelope que a carta chegava normalmente às suas mãos. Houve uma época que todo mundo em Salvador conhecia o endereço Rua Alagoinhas, 33, Rio Vermelho. Sei disso porque fiz uma aposta com um amigo que duvidava ser possível receber uma carta sem endereço, mesmo sendo Jorge Amado. Foi o que ele fez. E já se declarava ganhador da aposta quando, um mês depois, recebeu a resposta exatamente como eu tinha descrito: batida à máquina e, à mão, "um abraço" e a assinatura. Ele guarda até hoje, 30 anos depois, a tal da carta – mas me pagou a aposta.

Fazia parte da rotina de tio Jorge sentar, pela manhã, à mesa e ler e responder cartas. Aqui, auxiliado pela tia Zélia. Tio Jorge nunca deixou de responder a uma carta.

A relação de Tio Jorge com meu pai teve desdobramentos importantes, incluindo a minha própria existência. Para explicar isso, preciso contar uma história.

Em 1945, o mundo vivia ares liberais com o fim da Segunda Guerra Mundial. Antes disso, já começaram as pressões democráticas contra a ditadura de Getúlio e ao mesmo tempo em que a guerra ia chegando ao fim, o mesmo acontecia com seus governos. Não demorou para ele convocar eleições presidenciais e para o Congresso Constituinte. Também anistiou os presos políticos (incluindo Jorge Amado) e legalizou os partidos clandestinos (como o então Partido Comunista Brasileiro). Já não havia espaço e clima para o seu Estado Novo. Assim, em outubro deste ano, ele renunciou diante de um discreto golpe militar e seguiu para um autoexílio em São Borba, sua cidade natal. E em 2 de dezembro, aconteceram as eleições gerais, pela qual Dutra tornou-se presidente e foi formada a Câmara Constituinte, para a qual Jorge Amado foi eleito como deputado federal.

Antes das eleições, Tio Jorge, anistiado, pois estava numa espécie de prisão domiciliar em Salvador, foi para São Paulo, para participar do Congresso dos Escritores – evento muito politizado que congregou os principais escritores da época – e para participar da agitação política que celebravam a libertação de Luís Carlos Prestes, o principal líder comunista brasileiro, preso desde 1936 por sua participação nas insurreições de 1935, apelidada pelo governo de "Intentona Comunista". Por todos esses motivos, e outros, Jorge Amado permaneceu em São Paulo até o ano seguinte, 1946.

Nesses quase dois anos de residência paulistana, algumas coisas importantes aconteceram na vida dele. Uma delas, foi ter conhecido a minha mãe, então Fanny Rechulski, uma jovem judia, formada em Ciências Sociais, poliglota, comunista, muito culta e articulada socialmente. Conheceu porque contratou-a como assistente, já que ele tinha muitas atividades políticas e literárias.

Nessa época, meu pai, Joelson Amado, vivia no Rio de Janeiro, era formado em medicina, trabalhava em hospitais e em consultório e levava aquela vida típica dos solteiríssimos cariocas da década de 40: divertida, tranquila, inspiradora. Não tinha nenhum relacionamento, a não ser por uma ou outra que aparecia em sua vida, mais especificamente uma enfermeirinha bela e generosa. Nada sério. Solteiro, bem de vida, principalmente porque seu pai, vô João, estava num bom momento financeiro e não lhe recusava ajuda. Na verdade, deu-lhe um Ford Sedan, com a justificativa de que seria importante para ele atender seus clientes. Era o que acontecia, mas também o doutor curtia o carro usando-o para fazer passeios com a enfermeira em alguns dos muitos pontos pitorescos do Rio de Janeiro. Nada lhe inspirava muitos compromissos naquele momento.

Mas Joelson aceitou a proposta de tio Jorge para ir a São Paulo, visitá-lo e, também, participar dos comícios e atividades políticas que efervesciam na época. Sim, ele iria com gosto porque, afinal, era um médico engajado, politicamente ativo e comunista.

O que realmente de importante aconteceu nessa vinda a São Paulo foi que Joelson conheceu Fanny. Dois anos depois eles se casariam e passariam a viver num apartamento na avenida Nossa Senhora de Copacabana, onde eu nasci em 1956. Assim, não é errado dizer que a minha existência se deve ao fato de tio Jorge ter apresentado meu pai à minha mãe. Mais do que isso, também me deu o nome. Meus pais estavam tendendo a me chamar de Sérgio. Foi tio Jorge quem tomou as rédeas do processo e decidiu que eu tinha "cara de Roberto", no que acabou sendo atendido.

Outro fato importante nessa temporada paulistana foi sua participação no I Congresso dos Escritores, em que foi chefe da delegação baiana. Mas também assumiu a chefia da redação do jornal Hoje, do Partido Comunista, colaborou com artigos para a Folha da Manhã e publicou "O Cavaleiro da Esperança", biografia de Luís Carlos Prestes – um livro encomendado, de pouca importância literária. E finalmente foi convidado pelo PC para candidatar-se a deputado, aproveitando-se da liberdade recentemente conquistada pelo partido. No começo, ele resistiu: não era do seu feitio ter esse tipo de atuação política. Mas, como já era um escritor popular, certamente seria um candidato forte, com boas chances de ser eleito – pelo menos foi esse um dos argumentos que o PC usou para convencê-lo. Por dever, obrigação partidária, Jorge Amado aceitou a incumbência, combinando que exerceria seu mandato por apenas 3 meses, ao fim dos quais cederia seu posto a um suplente. Isso nunca aconteceu. Eleito deputado federal, mudou-se para a capital, na época o Rio de Janeiro, e permaneceu no cargo por quase dois anos, até que o registro do PC foi anulado e entrou novamente na clandestinidade.

Mas embora tenha tido uma vida intensa em São Paulo, cercada de acontecimentos importantes, o que de fato mais fundamental aconteceu nessa temporada foi ter conhecido alguém muito especial.

Capítulo 10

Zélia Gattai - Tia Zélia

Quem poderia imaginar que, quando se conheceram, Zélia Gattai e Jorge Amado se transformariam numa referência de casamento bem sucedido, um dos grandes exemplos de amor romântico?

Ainda mais porque Jorge Amado criou em torno de si a impressão geral de ter uma vida de safadezas, de muitas mulheres e aventuras. Os homens da família Amado carregam, de certa forma, a fama de mulherengos, o que não é exatamente verdade. Se ser mulherengo significa amar as mulheres, então não há o que discutir: todos somos. Mas se o significado incluir infidelidade e falta de lealdade, nada mais inadequado.

É verdade que boa parte dos Amados sempre teve muitas mulheres e muitos casamentos. Mas, ao mesmo tempo, é também comum encontrar histórias de amor romântico e fiel até nos casos mais improváveis.

Tio Jorge amava profundamente as mulheres e declarava isso sem pudor. Admirava a beleza e a sensualidade feminina e por conta disso criou algumas de suas mais belas páginas literárias. E também uma grande história de vida.

No nosso ambiente familiar era bastante comum as conversas e relatos sobre aventuras com as mulheres. Tio Jorge falava safadezas, dava conselhos, contava casos. Eu devia ter uns 14 anos quando ele me deu uma lição sobre como pegar uma mulher. Algo simples, rápido e inesquecível.

Estava na casa do Rio Vermelho em algum dia antes do carnaval, o que na Bahia significa também ser carnaval. A conversa era sobre os planos do que eu, com apenas 14 anos, iria fazer naquele dia, quando a Avenida Sete de Setembro já estava pegando fogo ao ritmo dos trios elétricos. Naquela época, 1970, o carnaval de Salvador era bem diferente do que veio a ser anos depois, dominado pela mídia, pelos turistas e pelo mercado da música. Era um carnaval muito espontâneo, popular e divertido e os trios elétricos eram simples caminhões com três ou quatro músicos tocando marchinhas de carnaval nas ruas do centro para uma enorme multidão de baianos. Eu não estava sozinho em Salvador porque, como sempre, estava lá, em férias também, uma turma de parentes adolescentes. Mas todos sabíamos que naquela multidão iríamos nos separar e que acabaria cada um por si.

Então houve uma sessão de preparação para a moçada que sairia sozinha para a festa. Tio Jorge conduziu a palestra, enquanto tia Zélia acompanhava, complementando as explicações e, na maior parte do tempo, rindo muito. O problema não era tanto a segurança ou as informações de como ir e voltar do centro. Mas sim como se dar bem com as meninas.

Imaginem Jorge Amado dando esse tipo de explicação por meio de uma coreografia corporal desenvolvida ali mesmo, na sala da casa do Rio Vermelho. Primeiro, ele mostrou como a gente ia identificar uma menina bonita: passava por ela, parava e voltava-se para conferir de um novo ângulo. Mas era preciso tomar cuidado para não "dobrar" o pescoço. Se ela se virava também, já era sinal mais do que certo de que o interesse era mútuo, garantia tio Jorge. E a situação já estava resolvida. Mas como? O que deveríamos fazer nesse momento, perguntei. Então ele enumerou algumas possibilidades, que iam desde se aproximar e perguntar o nome dela até ser mais ousado e ir logo "passando a mão" – e nessa hora a gargalhada de tia Zélia dominou o ambiente. O detalhe é que tio Jorge ficava em casa normalmente vestido apenas de bermuda e sua encenação expunha algumas de suas partes íntimas de maneira mais engraçada do que interessante.

Uma situação parecida com essa aconteceu muitos anos depois, quando eu já era adulto, jornalista, editor de uma revista de carro. Fui a Salvador a trabalho, acompanhar o lançamento de um novo modelo de uma montadora e fiz planos para estender minha estadia tirando alguns dias de férias. Por esse motivo, levei minha namorada, uma moça muito curiosa e interessada. Muito jovem, ela estava excitada com a possibilidade de conhecer o escritor Jorge Amado, uma mistura de ansiedade e medo. Ficamos num hotel no próprio Rio Vermelho e, quando me vi desobrigado do trabalho, fomos visitar tio Jorge.

Como sempre, nos recebeu de maneira calorosa e gentil, e ficamos conversando na sala da casa. Depois fizemos um tour pelo jardim, pelos quartos e eu contei algumas histórias que vivi naquele lugar para minha namorada. Voltamos a sentar na sala para conversar e falamos muito de livros infanto juvenil: eu tinha acabado de lançar o meu "*Iakti*" e ele tinha dois livros para crianças na sua biografia: "*O gato Malhado e a Andorinha Sinhá*" e "*A Bola e o Goleiro*". Nossa conversa literária girou em torno das dificuldades e benefícios de escrever textos para crianças e ele me confessou o grande prazer que tinha em fazer esse tipo de literatura, ainda que não tenha feito com muita frequência. Quando escrevo para crianças, disse ele, eu penso nas histórias que eu gostava quando tinha seis, sete anos, vivendo em Ilhéus, naquele litoral encantador. A conversa estava interessante, principalmente por abordar literatura num tom mais sério, mas minha namorada permaneceu o tempo todo calada, congelada de constrangimento. Alguma coisa estranha estava acontecendo com ela que eu não conseguia explicar. Estava acanhada demais, não era do feitio dela. E aquele olhar constrangido, qual era o motivo? Só pelo fato de estar diante de uma celebridade? Como sempre, tio Jorge estava vestido apenas com uma bermuda e logo deu para perceber que não usava nada por baixo. Papo vai, papo vem, ele dobra as pernas, desdobra, oferece um suco de mangaba, mostra uma gravura do Calazans e finalmente vamos embora. A moça desce as escadas para a rua em silêncio e só quando chega na calçada murmura no meu ouvido: "Estou muito emocionada porque hoje eu vi o saco do Jorge Amado". Ah, está explicado!

Apesar de todo esse desprendimento, tio Jorge era bastante discreto sobre suas aventuras, até porque sua ligação com tia Zélia era de fato muito forte. Raramente ele comentava alguma coisa de seu primeiro casamento e ninguém da família demonstrava interesse em tocar no assunto – com exceção de Lalu. Por ela, eu soube algumas passagens desse momento de vida de tio Jorge.

Ele já morava no Rio de Janeiro e tinha apenas 21 anos quando conheceu Matilde Garcia Rosa, que ainda não tinha completado 18 anos. Casaram-se na surdina, porque familiares de Matilde eram contra o casamento, e foram morar na Urca. Permaneceram juntos onze anos, de 1933 a 1944, e desquitaram-se. Tiveram a Lila, Eulália Dalila Amado, que morreu de lúpus aos 15 anos, assistida pelo meu pai, já que tio Jorge, a essas alturas estava exilado na Tchecoslováquia.

Pouco depois de se desquitar, conheceu tia Zélia em São Paulo e o casal permaneceu juntos por 56 anos, mas só puderam realmente se casar em 1978, quando finalmente a lei do divórcio foi aprovada no Brasil e já eram avós.

Tia Zélia era uma típica paulistana filha de imigrantes italianos que moraram a vida toda na Alameda Santos, uma travessa da Avenida Paulista, hoje o centro dinâmico de São Paulo. Seu pai, Ernesto Gattai, era um mecânico sofisticado que implantou seu conhecimento italiano de mecânica em sua própria casa, atendendo clientes de poder aquisitivo suficiente para, naquele começo de século, possuir um automóvel. A família toda era anarquista, militante dos movimentos operários formados principalmente pelos imigrantes latinos da Europa. Na verdade, foram esses imigrantes, em geral espanhóis e italianos, que introduziram o anarquismo no Brasil no começo do século XX. O anarquismo rejeita todas as formas de autoridade política e religiosa, além de outras ideias que confluem com o socialismo – contra a propriedade privada, o cerceamento da liberdade individual e, principalmente, contra todas as formas de dominação e opressão. É uma doutrina romântica, intelectualizada, que prega a existência de comunidades fraternas e igualitárias, conduzindo a sociedade em termos muito mais pacíficos e equilibrados do que qualquer outra forma de governo. Até metade do século XX, o anarquismo influenciou movimentos sociais importantes por meio das ideias e ideais difundidos por intelectuais de grande porte, inclusive no Brasil. As principais greves ocorridas durante a década de 1910 no Rio de Janeiro e São Paulo teve influência e liderança de anarquistas de sindicatos e outras organizações políticas. Também os principais movimentos culturais dessa época, incluindo a literatura, o modernismo e a própria Semana de Arte Moderna de 1922 foram "contaminados" por ideias anarquistas sustentadas pelos grandes intelectuais da época.

A jovem Zélia Gattai não era ainda uma intelectual célebre, mas participava do movimentos político-operário anarquista e tinha livre trânsito entre os principais nomes da época, como Oswald de Andrade, Tarsila do Amaral, Mario de Andrade e Rubem Braga. Aos 20 anos casou-se com um deles, o militante comunista Aldo Veiga, com quem teve um filho em 1942, batizado de Luís Carlos. Quem se chama Luís Carlos e nasceu na primeira metade do século XX é quase certo que teve pais comunistas, que quiseram homenagear o guru do PC, Luís Carlos Prestes. Nessa geração, os "Luís Carlos" são abundantes.

Tia Zélia era oficialmente casada quando conheceu tio Jorge, que era recém desquitado. Ela já tinha devorado alguns livros desse "tal de escritor baiano, muito popular", e criado uma grande identificação com ele. E, como militante política de esquerda, nada mais natural que, em 1945, participasse das celebrações que ocorriam na época, em especial a festa que deu boas vindas a Luís Carlos Prestes depois de libertado da prisão. Nesse comício, Jorge Amado e Zélia Gattai se conheceram.

Lalu tinha duas versões desse encontro. Na primeira delas, a mais romântica, dizia que foi amor à primeira vista, aquela paixão divina, que ocorre uma vez a cada geração. Na outra versão, ela recorre aos impulsos mais safados de tio Jorge. Zélia era muito jovem, muito bonita e muita interessante, é claro que o recém solteiro Jorge Amado haveria de lançar suas melhores estratégias em direção à beldade.

Uma das cenas românticas que o casal protagonizou se deu num restaurante em que ocorria uma festa frequentada por militantes e intelectuais de esquerda. Entre eles, estava o Barão de Itararé que, na verdade, de barão não tinha nada, muito menos de Itararé. Seu nome verdadeiro era Apparício Torelly, escritor, cronista e jornalista que introduziu o humor na imprensa brasileira. O apelido lhe foi dado por ele mesmo, por ocasião da revolução de 30, quando se previa que as tropas rebeldes de Getúlio Vargas, vindas do Sul, encontrassem o exército nacional na cidade de Itararé, na divisa de São Paulo e Paraná, para uma batalha sangrenta. A batalha não ocorreu porque houve um acordo e farta distribuição de cargos e regalias entre as partes. E Apparício Torelly, em uma crônica humorística histórica no jornal o

Globo, reclamando não ter contemplando com nenhum cargo, se dá o título de Barão de Itararé para não ser injustiçado pelos generosos acordos feitos em Itararé.

Um encontro entre almas patrocinado por um humorista teria que ser, necessariamente, especial – foi o Barão de Itararé que apresentou Jorge Amado a Zélia Gattai.

O fato é que em poucos meses os dois já estavam vivendo juntos. Não era exatamente um acontecimento comum naqueles anos longínquos da década de 1940, por mais que os ares liberais soprassem entre a elite paulistana na época. Mas em nenhum momento o casal vacilou diante das dificuldades ou barreiras que se apresentaram. E não foram poucas.

Na verdade, Zélia Gattai fez um gesto bem ousado na época. Aparentemente ela abandonou o marido e o filho para ficar com o baiano, mas na verdade ela já estava informalmente separada do marido. Em todos os anos em que convivi com tia Zélia praticamente nunca ouvi falar desse marido e desse filho – a não ser por meio de Lalu. Ela dizia que tia Zélia não tinha contato com o filho nem com o ex-marido e essa situação perdurou por décadas. Só muito mais tarde, quando já era idosa, é que tia Zélia voltou a ter contato com Luís Carlos, já um adulto.

Ainda que essa situação não tenha provavelmente se desenrolado de maneira mais desejável, é preciso reconhecer a ousadia do gesto do casal e, especialmente, de tia Zélia. Por isso talvez a história de amor deles tenha se desenrolado com tanta intensidade e se tornado uma referência do amor romântico.

Quando tio Jorge foi para o Rio de Janeiro, para assumir seu mandato de deputado federal, tia Zélia ficou em São Paulo, preparando-se para mudar-se. Havia muita coisa para ser ajeitada, era um grande passo na vida daquela moça. Até que chegou a hora de encontrá-lo, de ir ao Rio em definitivo. A história desse encontro foi descrita no segundo livro de Zélia Gattai, *"Um Chapéu para Viagem"*. O livro é dedicado à minha mãe, Fanny Amado, por um bom motivo: é ela o personagem do início da história, quando tia Zélia vai embarcar no trem que a levaria de encontro a tio Jorge. Uma moça não pode embarcar num trem sem usar um chapéu, argumenta minha mãe e ela mesmo providencia o acessório para tia Zélia viajar dignamente de encontro ao seu amado.

No Rio, conheceu seus sogros e se submeteu à aprovação da Lalu. Minha avó não era mulher de aceitar noras em nenhuma hipótese – eram, por princípio e para sempre, encarnações demoníacas que prejudicariam a vida de seus queridos filhos. Ou seja, Lalu odiou a nora recém adquirida. E ainda que essa opinião tenha mudado ao longo das décadas, muitas vezes eu vi Lalu se referir a tia Zélia como "aquela mulherzinha", com um certo tom de comédia, mas verdadeiro. Fazia o mesmo com minha mãe, ou talvez pior, porque Fanny foi sempre o alvo principal de suas tiradas irônicas. No fundo, no fundo, ela amava suas noras. Bem, não exatamente. "Inimigas íntimas", é como tio Jorge definia a relação da Lalu com elas. Nada pessoal. Lalu não hesitava em proclamar: as mulheres não valem um tostão furado...

O clima político não estava para brincadeiras. Tio Jorge passava o tempo todo no Congresso, enquanto tia Zélia ficava num sítio perto do Rio. Mas a situação estava insustentável: o PCB voltou à clandestinidade e tio Jorge foi aconselhado a escafeder-se antes que o pior acontecesse. Nessa altura, João Jorge, o primeiro filho, tinha nascido e era mais recomendável que tio Jorge se exilasse sozinho. E, assim, ele partiu imediatamente para a França. Meses depois, tia Zélia chegou com João Jorge e a sequência dos fatos os levaram a morar no castelo para escritores na Tchecoslováquia, onde nasceu Paloma, segundo filho do casal.

Tia Zélia era uma mulher sempre risonha, muito divertida e adorava contar causos. De qualquer situação extraía a lembrança de alguma história divertida, preciosamente burilada por sua vocação de narradora. Apesar disso, ela só foi desenvolver sua vocação literária a partir dos 63 anos.

Até esse momento, sua vida era bastante agitada por outras atividades. Antes de mais nada, ela era uma assessora irrepreensível de tio Jorge. Desde sempre datilografou seus textos passando-os a limpo. Tio Jorge escrevia à máquina sem problemas, apesar de usar só dois dedos, um de cada mão. Era surpreendente a velocidade com que ele conseguia escrever usando apenas dois dedos – de dar inveja a muitas secretárias executivas. Mas, claro, ele sempre precisava rever o que escrevia, editar, corrigir, emendar, e isso fazia à mão sobre o próprio texto datilografado. E, depois, tinha que promover as alterações, datilografando tudo de novo – o que era tarefa de tia Zélia, que aproveitava para ler o livro e dar seus pitacos, embora raramente fossem aceitos. Muitas vezes, o assunto entre eles eram passagens, personagens, impressões sobre o texto em andamento, e quem não pegasse a conversa logo do começo acharia que estariam conversando sobre amigos ou fatos públicos, tal era a intensidade real com que abordavam o assunto. Lembro de uma conversa em que tio Jorge comentou sobre uma tentativa de interferência de tia Zélia na história do livro "*Seara Vermelha*" – romance escrito em 1946, quando já estavam juntos.

É um livro que retrata bem a efervescência do ambiente político da época, com uma ação que se desenrola pelo país inteiro, desde a floresta amazônica, até São Paulo e Rio, deslocando-se do ambiente normalmente abordado por Jorge Amado. A revolução de 32 é um dos temas, assim como o Levante Comunista de 35, mas o mais comovente é a retratação dolorosa da realidade dos nordestinos, da fome e da seca e do impulso de sobrevivência que os faz desejar migrar para o sul. Uma das personagens, uma menina que acaba se prostituindo, passa por muitas dificuldades, uma história muito melancólica. Tia Zélia, passando a limpo o texto, reclamou, nesse momento, dos destinos que o autor estava submetendo a criatura. "Ela vai morrer", disse tio Jorge, de uma maneira fria e inquestionável. Tia Zélia ficou atônita: não admitiu de jeito nenhum que o autor fizesse tamanha maldade com a menina, já tão sofrida, se prostituindo tão cedo, tão bem intencionada. "Ela vai morrer", repetiu tio Jorge, sem se comover com os apelos da sua mulher. Ao que tia Zélia continuou argumentando a favor do personagem, pedindo clemência para um ser tão inocente, delicado e sofrido, sem conseguir o menor progresso. Se a conversa continuasse nesse andar, certamente desembocaria em briga sentida, em agressões e alguns dias de rancor e angústia do casal. Afinal, tio Jorge não arredava pé de sua decisão e tia Zélia não admitia essa escolha infeliz – e a discussão parecia versar sobre membros da família e não personagens fictícios. Por fim, a discussão acabou quando tio Jorge esclareceu: "não sou em quem decide. Ela vai morrer porque vai. Não tenho nada a ver com isso, eu só sou o escritor da história".

Lembro que quando ouvi esse relato não entendi direito o significado dessa explicação – era pequeno demais para compreender, mas, independentemente da idade, muitos não compreenderiam mesmo. Tia Zélia entendeu rapidamente que essa decisão não cabia ao escritor – que os personagens adquirem vida própria, que a história se conduz a si mesma, e que o escritor torna-se apenas uma mera ferramenta para contar fatos que já não lhe pertencem.

Isso apenas reforça o fato de tia Zélia ter sido uma companheira exemplar de tio Jorge, passando situações difíceis com ele. Exilado, o casal teve dificuldades financeiras bastante grandes, além do fato de ter que lidar com uma rejeição política internacional. Tio Jorge foi expulso da França, além de não poder voltar para o Brasil – nem para acompanhar a morte e o enterro de sua primeira filha, Lila. Eu ouvia esse relato da minha avó imaginando que tipo de angústia tio Jorge e, em consequência, tia Zélia, tiveram nesses momentos, poucas vezes mencionado por eles. O único comentário que ouvi de tio Jorge é que Lila "morreu de repente", o que nunca foi exatamente confirmado por meu pai, que a assistia nesses últimos momentos.

Tia Zélia foi uma companheira forte, que esteve sempre ao seu lado e ambos se relacionavam de maneira muito amorosa, ou pelo menos essa é a impressão que eu tinha. Lembro de tio Jorge e tia Zélia, já idosos, sentados à mesa, em casa, almoçando ou jantando, um ao lado de outro e invariavelmente de mãos dadas.

Já bastaria tia Zélia ser a companheira quase perfeita que foi do velho marinheiro escritor. Mas ela fez muito mais. A certa altura da vida, já nem tão moça, descobriu a fotografia. Começou a tirar fotos modestas e foi se desenvolvendo a ponto de montar um laboratório fotográfico na casa do Rio Vermelho para revelar e ampliar suas fotos em preto e branco, numa época em que só havia os filmes fotossensíveis. E, principalmente, fez um belíssimo acervo fotográfico retratando inúmeros momentos da vida de tio Jorge que se transformou numa documentação preciosa de Jorge Amado. Em 1987, foi publicado o livro "*Reportagem Incompleta*", uma biografia através de imagens do casal. De fato, algumas imagens que ela produziu ficaram eternizadas como verdadeiras obras de arte. E não só de tio Jorge, mas também de Lalu e, de resto, da família inteira. Tia Zélia acabou se transformando numa fotógrafa de primeira grandeza.

Mas isso não foi suficiente para o seu talento. Aos 63 anos ela resolveu escrever. Era no final da década de 1980 quando soube que ela estava se aventurando nas letras e eu, já adulto, com livros publicados, menosprezei o esforço da tia. Impossível que ela faça alguma coisa boa, pensei. Pouco depois, em 1987, recebi um exemplar assinado por ela, e continuei incrédulo. Achei o título divertido "*Anarquistas Graças a Deus*", o que me causou boa impressão. Mais tarde, quando ela veio a São Paulo, junto com tio Jorge, soubemos que o título original era "*Alameda Santos no 5*", endereço onde ela passou a infância junto com os pais. A sugestão do novo título foi feita por Alfredo Machado, o dono da editora Record, que publicou o livro, contou-nos tia Zélia. O título capta o espírito do livro, uma família de anarquistas que lá no fundinho acreditava em Deus, uma contradição inexplicável, mas totalmente aceitável. Mais do que isso, tia Zélia me proporcionou uma deliciosa viagem no tempo, uma obra memorialista extraordinária, uma visão da São Paulo antiga que poucos conseguiram transmitir. Eu sempre fui admirador de tia Zélia, antes de ela se tornar escritora. Tia afável, divertida, atenciosa. Mas depois que li "*Anarquistas Graças a Deus*", virei seu fã – ainda que não tenha tido a mesma opinião a respeito dos livros que ela publicou na sequência.

Capítulo 11

Os Comunistas

"Ele é sobrinho do Jorge Amado, ele é comunista", anunciou um colega de classe, apontando o dedo despudoradamente para mim como se eu tivesse cometido um crime. Na minha cabeça, as ideias se misturavam. Eu devia ser mesmo um criminoso, porque de fato meu tio e minha família em geral estavam ligados ao Partido Comunista, embora, àquela altura já não estivessem mais. Mas... por que ser comunista é criminoso?

Na escola primária, começo dos anos 60, a aura de comunista me incomodava, principalmente porque ninguém sabia exatamente o que era o comunismo, nem acusados, nem acusadores.

Com o golpe civil-militar e a implantação da ditadura, o comunismo e os comunistas passaram a ser o inimigo oficial do povo brasileiro. Uma odiosa distorção dos fatos, motivada por interesse militares em eleger um alvo para sua tirania.

De fato, naquele final da década de 1950 e começo da de 60, havia uma certa exaltação entre os militantes e simpatizantes de esquerda em virtude da revolução cubana, ocorrida no primeiro dia do ano de 1959. Foi um momento em que as ideias circularam com bastante liberdade sem que realmente houvesse um compromisso ideológico.

Para começar, o presidente Juscelino Kubitschek, juntamente com seu vice, João Goulart, convidaram Fidel Castro para uma visita apenas alguns meses depois da tomada de Havana pelos revolucionários. Não foi exatamente um gesto de simpatia aos comunistas, mas para a opinião pública brasileira e para os militares, Juscelino e Jango demonstraram tendências de esquerda. A verdade é que, naquele momento, eles queriam estreitar relação com países latino-americanos, buscando cooperação política e financeira, já que havia um mal estar em relação às políticas intervencionistas dos Estados Unidos.

Para reforçar essa impressão equivocada de que havia um movimento brasileiro de adesão ao comunismo, em 1961 o presidente Jânio Quadros convida Che Guevara para uma rápida visita e demonstra grande interesse e afeto para com o comandante revolucionário argentino que assumia, explicitamente, ser marxista-leninista. Pior ainda, Jânio condecora Che com a Grã-Cruz da Ordem Nacional do Cruzeiro do Sul, a mais alta comenda do governo. Poucos dias depois, Jânio renunciaria. E o vice João Goulart ao assumir a presidência vive uma grande instabilidade política, criticado por parte da população e dos militares por promover o "perigo comunista" no país – o que ajudou a dar sustentação ao golpe civil-militar e os mais de 20 anos de ditadura que se seguiram a ele.

Então, naqueles meados da década de 1960, ser comunista era ser, de acordo com a imagem pública fabricada, pior que um assassino criminoso. Mas o que eu tinha a ver com isso?

Tudo a ver. Jorge Amado ainda carregava a fama de ser comunista e havia bons motivos para isso, ainda que ele já tivesse saído do Partido Comunista e rejeitado as políticas implantadas pela União Soviética e Stalin. Demorei um pouco para entender que ser comunista não é ser criminoso (embora até hoje muita gente ainda acredita nisso), porque cresci num ambiente em que o governo ditatorial e boa parte da população pregava essa ideia.

No caso do Tio Jorge, esse conflito se pronunciava de maneira eloquente por conta de sua fama e visibilidade. Para alguns, ele era um "comunista", um agente da União Soviética, e a imaginação corria solta. Para outros, ele era um traidor, um escritor que abandonou seus ideais para se vender ao mercado. As duas posições estão parcialmente corretas. Jorge Amado, apesar de ter saído do Partido Comunista, e de passar a criticar o sectarismo e as ditaduras de esquerda, sempre se declarou socialista, a favor das causas do povo. Morreu reforçando seus ideais. Por outro lado, é verdade também que ele foi um escritor do mercado, que sempre escreveu para o grande público, que harmonizou sua literatura a uma linguagem acessível, com narrativas propositalmente envolventes, uma prosa popular. Não se dizia um "literato", mas um contador de histórias. Mas, e daí?

Por conta desse conflito, sempre foi um escritor polêmico, pouco valorizado nas universidades brasileiras, constantemente sujeito a críticas que apontavam suas limitações, como, por exemplo, temática pouco variada, tratamento literário desatento, narrativas prolixas, personagens estereotipados. Muitas destas críticas são procedentes, embora algumas delas sejam carregadas de tons ideológicos ou políticos. Isso magoava ele, mas, por outro lado, o mais importante é que seus livros eram adorados – no Brasil e fora dele.

Se a fama de comunista ainda persistia na década de 1990, muito pior foi durante a década de 1960, com a maciça campanha contra o "perigo soviético" promovida pelos militares e pela sociedade em geral.

Lembro que em 1º de abril de 1964, no dia do golpe, e, portanto, com oito anos, eu estava na casa de um amigo da escola jogando bola. Em determinado momento, os pais do menino nos chamaram para dentro da casa. Lá, eles estavam com cara de conspiradores, olhar preocupado e gestos estudados de quem está prestes a tratar de grandes segredos. "O seu tio... ele está bem?", sussurrou a mãe do menino. "Que tio?", perguntei. "O Amado", disse ela com a voz ainda mais baixo. "Tio Jorge? Tio James? Não sei, eles estão lá no Rio". A mãe olhou para o marido com cara de "coitadinho, ele não sabe de nada". "Estão prendendo todos os comunistas", disse o pai. "Melhor você ligar para a sua mãe". Meio a contragosto, aceitei o telefone e liguei, mas ninguém atendeu em casa, nem no consultório. "Eu também vou ser preso?", perguntei. "Vai não, besteira", disse o pai.

"Mas é melhor você ir embora. Fulano, leva ele", ordenou a mãe ao marido. E assim eu voltei para casa, pensando em como seria a minha vida dali por diante, encarcerado e com o rótulo permanente de criança comunista.

Mas houve épocas melhores no Brasil – o Partido Comunista chegou a ter mais de 200 mil filiados. Nas primeiras eleições de que participou de maneira legalizada, Luís Carlos Prestes foi o segundo senador mais votado (o primeiro foi o próprio Getúlio Vargas). E tio Jorge foi eleito deputado federal por São Paulo.

Naquela ocasião Jorge Amado já era, apesar de jovem, bastante famoso e admirado. Seus livros faziam sucesso e carregava a aura de ser um combatente pela justiça social, um homem do povo, que escrevia para todos. O PCB queria aproveitar essa fama para elegê-lo. Era para ser senador, mas a candidatura para esse cargo só era possível para quem tivesse mais de 35 anos e tio Jorge ainda estava nos 34. Ele sempre afirmou, ao longo da vida, que essa foi uma imposição do partido, que ele não queria ser político, não tinha interesse nesse tipo de atividade. Mas é de se duvidar. Especificamente na década de 1940, seu envolvimento com a política e com a causa partidária era enorme – ele praticamente vivia em função das tarefas a ele delegadas pelo PCB.

Nessa época de militância, a sua produção sofre uma sensível queda de qualidade literária, como ele admitiria anos depois, quando resolveu se desligar das atividades partidárias. Minha mãe, que me orientava na leitura, era contundente. Esses livros eram uma "droga", segundo suas próprias palavras, procurando me aconselhar a ler as melhores obras do tio. Fanny Amado foi uma intelectual de grande porte, respeitada e admirada por toda a família, e sua opinião sobre literatura era quase um fundamento definitivo. Apesar de todo o meu envolvimento com a família Amado, foi minha mãe, uma paulistana judia, quem mais me influenciou e me despertou a paixão pela literatura.

Mas o fato é que nesta época Jorge Amado estava envolvido completamente na atividade política e foi mais do que natural aceitar o convite para disputar as eleições. Foi eleito com o maior número de votos de São Paulo, e assim, recém casado com Zélia, voltou ao Rio de Janeiro, então capital do país, para cumprir o seu mandato.

Comprou um sítio perto do Rio de Janeiro, entre São João do Meriti e Caxias na estrada para Petrópolis, onde ele e Zélia se instalaram dispostos a usufruir da tranquilidade local e se dedicar aos seus objetivos. Logo, tia Zélia ficou grávida do seu primeiro filho com ele e nesse ambiente super familiar, os dois se dedicaram a criar aves. Especialmente patos, marrecos e gansos, com os quais promoveram cruzamentos insólitos obtendo, algumas vezes, resultados surpreendentes. Enfim, foi uma espécie de hobbie que complementava a dinâmica familiar do casal.

Mas a vida de tio Jorge estava longe de ser tranquila. Sobre essa época, ainda jovem, com menos de 40 anos, ele afirmava que era um homem totalmente diferente daquele que passou a ser depois dos 50 anos – diferente de hábitos, de personalidade, e de pensamentos. Ele era sectário, um tanto arrogante e um fumante inveterado, de consumir três maços de cigarro por dia – hábito que abandonou repentinamente e nunca mais praticou. Por outro lado, era um jovem extremamente talentoso, bem sucedido, admirado por todos e influente. Nada mais normal ter um comportamento determinado e condicionado às suas ideias.

Ainda que seu talento de escritor estivesse intenso como sempre, a sua vida tomava um rumo político irrefreável. Era, de fato, um momento muito especial. Ele participava ativamente, como deputado federal, de uma Assembleia Constituinte, num Parlamento livre, composto por uma ampla gama de partidos e ideias políticas, depois de mais de uma década de opressão e restrição. Era um momento efervescente da política com a qual ele pactuou. E efervescente também era seus impulsos literários, pois, apesar de todas essas atividades, ele escrevia "Seara Vermelha", um romance dramático sobre a fome dos sertanejos e a busca por um mínimo de dignidade.

Quase todos os dias ele saía de manhã do sítio, normalmente um pouco sonado pela noite intensa debruçado sobre a máquina de escrever. Não eram raras as madrugadas em que ele subitamente despertava e, tal como um sonâmbulo, se arrastava para sua mesa de trabalho estimulado pelos seus personagens inquietos que vinham agitar seu sono. Zélia o observava com olhos compridos, pela primeira vez constatando a dinâmica de trabalho do escritor e, em vão, procurava ajudar imbuída de solidariedade. Mas tio Jorge recusava sua insistente cumplicidade, algumas vezes de maneira quase rude: "Eu preciso apenas me concentrar no trabalho, eu preciso de paz", dizia ele. Tia Zélia não se conformava com o fato de que tio Jorge usava apenas os dois indicadores para escrever e se prontificou a ensiná-lo a bater a máquina com todos os dez dedos. Foi como uma ofensa a ele. "Eu sempre escrevi com dois dedos e sempre escreverei" – frase que, afinal, ele repetiu ao longo de toda a vida, para todos aqueles que se atreviam a reparar no escritor de dois dedos. Mas tia Zélia não aguentava assumir o papel exclusivo de dona de casa e ficar apenas observando seu marido se multiplicar nas tarefas de deputado federal e escritor de romances. E fez nova proposta: passar a limpo os originais depois que ele fizesse alterações escritas à mão sobre o próprio original. A princípio ele estranhou. Até então, escrever era uma atividade completamente solitária, que não contava com a ajuda de ninguém e, dessa forma, já tinha construído uma carreira bastante significativa. Como é que agora iria introduzir esse elemento novo no seu processo criativo? Afinal, ela não apenas iria prover o serviço de datilógrafa como, também, acompanharia passo a passo todo o desenrolar de seu trabalho, sendo, portanto, uma leitora em tempo real. Mas como o casamento ainda estava nos seus primeiros tempos de reconhecimento e gentilezas, tio Jorge concordou com a parceria – que se consolidou ao longo de toda a vida do casal.

Além de se dedicar à máquina de escrever, tio Jorge ia praticamente todos os dias ao Parlamento. Como nunca dirigiu, pegava um táxi para percorrer a estrada de terra do sítio até Duque de Caxias e, de lá, tomava um ônibus para o centro do Rio de Janeiro. Esse trajeto era oneroso. O casal não estava exatamente numa situação cômoda em relação às finanças. A compra do sítio tinha zerado suas economias. O salário de deputado federal era bom, mas ficava com o

Partido Comunista, que determinava a porcentagem que o deputado deveria receber. Assim, dos 15 mil cruzeiros que o partido recebia de salário, apenas 1500 iam para o bolso de tio Jorge, dinheiro que era consumido inteiramente nas viagens desde o sítio. Restava apenas viver dos direitos autorais provenientes da venda dos livros. Verdade que ele já era um autor de sucesso, mas certamente os números de venda e renda eram tímidos.

Além de escrever *"Seara Vermelha"*, Jorge Amado ficou fascinado com o trabalho legislativo que exercia. Afinal ele estava participando da formulação da constituição do país, a lei geral que determinaria a vida de cada um dos brasileiros. Era o momento de contribuir com suas ideias de justiça social, de defender o povo menos favorecido, de atender aos excluídos. Assim, ele formulou duas leis importantes. A primeira delas foi a Lei da Liberdade de Culto, que permitia a qualquer um escolher e praticar a religião de sua preferência, assim como frequentar seus rituais. E desta forma, acabou com a perseguição incessante empreendida pela polícia aos pais de santo e aos frequentadores do Candomblé em geral que ele tanto testemunhou na Bahia. Essa lei, incorporada à constituição de 1946, foi mantida íntegra na constituinte de 1988 e permanece até os dias de hoje, praticamente sem modificação. Outra lei de sua autoria concedia isenção de impostos para artistas e escritores e foi aprovada, mas sofreu modificações e hoje não há resquícios desses benefícios à cultura.

Se, como deputado, ele pôde operar seus ideais e ideias transformando-as em lei, a sua autonomia tinha limites. Na verdade, ele era um parlamentar a serviço do Partido Comunista do Brasil, e, portanto, tinha que obedecer às orientações que vinham "de cima". Foi o caso do apoio que deu à emenda que proibia "a entrada no país de imigrantes japoneses de qualquer idade e de qualquer procedência". A imigração dos japoneses, que começou a ocorrer muito antes, no começo do século XX, em São Paulo, foi fruto de um acordo dos governos dos dois países e nem sempre encontrou unanimidade entre os brasileiros. Na verdade, havia uma corrente com características fascistas que temia pela mistura dos "amarelos" com os brasileiros, como se fôssemos uma "raça pura". Era uma extrema direita agressiva, mas as restrições desejadas não foram aceitas. Com a participação do Japão alinhado ao eixo na Segunda Guerra Mundial, alastrou-se pela população a intolerância aos japoneses que, de fato, no Brasil, estiveram sujeitos a muitas limitações na vida diária durante a Guerra. De certa forma, é possível compreender a existência desta lei de restrição de imigração japonesa logo após a guerra, sem dar um rótulo de conservadorismo reacionário. Mas, certamente, esse argumento não justifica o voto. A verdade é que o líder da bancada comunista, o então eleito senador Luís Carlos Prestes, fez o partido fechar questão obrigando os comunistas a votar em bloco a favor da emenda, inclusive Jorge Amado. Os motivos pelos quais Prestes fez isso são obscuros, provavelmente pertencentes a manobras políticas de negociação legislativa.

A vida de um político escritor no Rio de Janeiro, nessa época, era plena de momentos decisivos, agitação, acontecimentos. Assim, os três meses que Jorge Amado planejou atuar como deputado foram naturalmente estendidos para dois anos. E certamente iria além se a sequência dos fatos não tivesse interrompido seu mandato.

O Presidente Eurico Gaspar Dutra, eleito em 1945 juntamente com a Constituinte, logo revelou seu estilo intolerante de governar, encerrando, abruptamente, os fugazes tempos de liberdade. Foi um presidente duro. Principalmente com os comunistas. Na verdade, o Brasil era um aliado dos Estados Unidos e nessa época deflagrou-se a Guerra Fria, iniciando um longo período de animosidade contra a União Soviética. E, claro, contra os comunistas. E, assim, após dois anos de legalidade, o registro do PCB foi cassado e todos os seus filiados, inclusive deputados e senadores, passaram a ser alvo de ameaças de prisão. O clima ficou pesado e tio Jorge foi advertido por colegas e amigos que a sua vez chegaria inevitavelmente. Era tempo de fugir, antes que fosse tarde. Ele não queria. Como ir embora assim, largando tudo para trás? A sua filha, Lila, do primeiro casamento, ainda uma adolescente. Os seus pais, que viviam agarrados aos filhos, todos morando no Rio de Janeiro. Os seus livros e seu editor. O sítio onde tinha começado a sua história de amor. E, principalmente, Zélia e seu recém-nascido filho, não mais do que quatro meses de vida. E com que dinheiro, com que roupa, e para onde?

Não havia tempo para pensar. A equação era simples: ficar e ser preso e se submeter ao imponderável ou simplesmente fugir, de preferência para a Europa, onde já tinha algum nome. Tudo foi muito rápido. Tia Zélia ficaria com o bebê, até que ele tivesse idade o suficiente para se lançar assim numa viagem sem paradeiro. Bastariam mais alguns meses. Depois ela o encontraria na Europa, onde houvesse as melhores condições para morar. Enquanto não fosse, ela se incumbiria de resolver as pendências que ele deixaria para trás: documentos, dinheiro a receber, negociações com o Partido e a venda do sítio. Enquanto ele partia de navio para uma longa viagem até a França, ela permaneceu no Brasil com uma criança de colo, um filho que não mais veria (Luís Carlos, do primeiro casamento) e um destino incerto em terras longínquas e estranhas. O que o futuro lhes reservaria com tantas incertezas e indefinições?

Capítulo 12

No Exílio

Russo filho da puta!

Tudo estava perfeito na sua vida, mas ele era um russo filho da puta.

Era assim que os mais conservadores o chamavam, pelas ruas e lugares públicos. Apesar disso, naquela Rio de Janeiro da década de 1940, capital do Brasil, ele brilhava, o mundo a seus pés. Tinha conseguido enfrentar com sucesso as barreiras sociais que condenavam seu "amigamento" com uma mulher "casada" e com filho, ele mesmo um "desquitado". Ela, linda e apaixonada, grávida, prestes a parir, se dedicava à vida do marido. Ele, engajado politicamente, ativo no Parlamento, participando da Constituinte, exercia suas convicções ideológicas pelo Partido Comunista legalizado. No seu recanto familiar, produzia literatura dando sequência a sua bem sucedida carreira de escritor, agora decolando para a fama internacional. Perto dos pais, dos irmãos recém casados, todos no Rio de Janeiro, a vida familiar estava integrada e fluía docilmente.

Mas não era bem assim. A política estava instável e havia pressão para cassar o registro do Partido Comunista. Era uma pressão internacional. A paz pós-segunda guerra desmanchou-se de vez com a guerra fria e a instauração de um estado de mútua agressão entre os Estados Unidos e a União Soviética. Houve uma polarização política e o Brasil aderiu aos norte-americanos, estabelecendo um grande conflito com os ideais comunistas soviéticos. Ser um "russo filho da puta" não era tudo. A pressão política contra todos os comunistas e até mesmo democratas simpatizantes aumentava a cada dia. Em maio de 1947 o registro do Partido Comunista Brasileiro foi cassado e em janeiro de 1948 todos os parlamentares eleitos pelo PCB também tiveram seus mandatos cassados e passaram a ser perseguidos – vigiados, pressionados, ameaçados. (Em 2012, a Câmara fez a devolução simbólica dos mandados de 14 deputados cassados nessa época, incluindo o de Jorge Amado).

Naquele momento, o casal resolveu mudar-se do sítio e morar em Copacabana, no Rio de Janeiro, para oferecer mais conforto e segurança à Zélia e seu filho recém-nascido. E a direção do Partido o convocou: permanecer no Brasil era muito arriscado. Ele teria que fugir, exilar-se, imediatamente. E afinal o PCB teria muitas tarefas para ele na Europa. Não havia tempo nem para pensar. Era hora de largar tudo para trás e ir embora.

Se a notícia não chegou a ser surpresa, o casal também não esperava tamanha urgência. O fato é que 15 dias depois ele embarcava num navio para a França, deixando tudo nas mãos da sua jovem esposa e o bebê. Decidiram que não iriam juntos para poupar a criança do inverno rigoroso europeu e também porque havia tantas coisas a fazer, dinheiro a receber, a venda do sítio, uma vida toda que ficava agora nas mãos de Zélia. Eles ficaram de se encontrar mais tarde, assim que Jorge se estabelecesse na Europa, provavelmente em Paris.

A verdade é que, por mais dramática e difícil que a situação aparentava ser, tio Jorge estava adorando aquela aventura. Já tinha viajado muito pelo mundo, mas seu espírito inquieto sempre queria mais. A vida tão estabelecida assim, num lar perfeito, num sítio bucólico, no ambiente amoroso de mulher e filho, nunca lhe seria, naquele momento de vida, o suficiente. Era preciso muito mais. Ele queria ganhar o mundo, romper limites, abrir horizontes – e tinha tudo para isso.

A sua vida se transformou nos ares parisienses. Era inverno, o quarto de hotel em que se hospedou era modesto, frio e desconfortável. A Europa estava destroçada pela guerra e cidades como Paris passavam por grande crise de abastecimento. Comida, produtos de higiene, roupas, tudo que era fundamental para sobreviver no inverno estava em falta. E ele era apenas um baiano naquele mundo novo.

Se a realidade era dura, havia também o outro lado da moeda: ele nunca de fato passou necessidades, ou ficou sozinho ou se abateu emocionalmente de alguma forma. Ao contrário. Em Paris, ele foi recebido como uma celebridade sul americana, um escritor em ascendência, extremamente talentoso, que lutava contra a injustiça social dos países subdesenvolvidos, maltratado e exilado em seu país, com a missão do Partido Comunista de promover a paz mundial. A paz, como resposta ao fim da Segunda Guerra Mundial, foi incorporada pelo mundo comunista e usada como uma ferramenta de atração de simpatizantes e de conflito com o mundo capitalista, na visão bem maniqueísta que se formava naquela época. Jorge Amado estava a serviço do PC e sua primeira tarefa era participar ativamente do Congresso dos Intelectuais pela Paz em Wroclaw, Polônia, naquele mesmo ano, 1948.

Naquele momento, Paris era o lugar em que todo intelectual desejava estar. O ambiente tinha, inclusive, semelhanças com a época dourada dos anos 20 em que Paris era uma festa, protagonizada por escritores americanos como Hemingway, Scott Fitzgerald, Gertrude Stein, John dos Passos. A diferença é que, desta vez, o que predominava eram os intelectuais de esquerda, a maioria ligada aos comunistas – como Picasso, Pablo Neruda e até mesmo Sartre. Por mais que houvesse angústias, como as saudades da sua amada, Tio Jorge lembrava desses tempos com uma mistura interessante de nostalgia e orgulho. No fim do inverno, Tia Zélia encontrou-se com ele na Itália, porque havia uma possibilidade de morar lá caso os comunistas vencessem as eleições do pós guerra, o que não aconteceu. Foram morar então em Paris, onde permaneceram por dois anos. Nessa longa estadia em Paris, surge uma personagem importante na vida familiar do casal: Misette.

Uma moça francesa que passou a ajudar tia Zélia nas tarefas domésticas, principalmente para cuidar do bebê. A

O encontro entre os três irmãos na casa do Rio Vermelho, acompanhados de Misette, a francesa que virou amiga para sempre da família.

amizade com Misette durou a vida toda e eu a encontrei algumas vezes no Rio de Janeiro e na casa do Rio Vermelho. Era uma mulher corpulenta, que falava português muito bem, mas com forte sotaque francês, e tinha mãos bondosas. Eram mãos grandes e carnudas que cumprimentavam com afeto, que passavam segurança e intensidade quando lhe tocavam. Essa é, claro, uma impressão de criança e, no máximo, adolescente. Mas verdadeira. Misette foi importantíssima na vida dos meus tios na Europa, se desdobrando para ajudá-los com as crianças, já que tio Jorge viajava muito e tia Zélia logo deu à luz a mais um filho, uma menina. Eu podia perceber que havia uma ligação muito especial entre a moça francesa e o casal de baianos – uma ligação visceral. Misette, a francesa, foi definitivamente incorporada à família Amado.

Esse foi um tempo essencial para sua carreira de escritor. Teve a oportunidade de fazer contratos de praticamente todos os seus livros com os principais editores da Europa, principalmente dos países integrantes da União Soviética. Mas seu sucesso sempre ultrapassou as barreiras da ideologia, muito embora tenha se beneficiado dela nesse sentido. Eles foram provavelmente os primeiros brasileiros a visitar Moscou depois da guerra e, em 1951, Jorge Amado recebeu o Prêmio Stalin da Paz, uma homenagem bastante importante à época. O prêmio, que se chamava Lenin, era uma espécie de resposta comunista ao Prêmio Nobel e tinha a intenção de ter a mesma projeção e importância. Mas não recompensava financeiramente como o Nobel: tio Jorge ganhou 25 mil dólares de premiação, dinheiro que foi totalmente retido pelo PCB – e ele só foi receber o prêmio em 1953, quando já estava planejando voltar ao Brasil.

Nesses cinco anos de Europa, ele teve uma experiência de total desapego de suas raízes. Sempre dizia que essa "fuga" emergencial foi tão surpreendente que ele perdeu tudo o que tinha no Brasil. É um exagero. Havia dinheiro de direitos autorais, de argumentos que fez para o cinema e de outros trabalhos, que ele foi recebendo, pelo menos em parte. Também havia o sítio, que ficou de fato abandonado, sob os cuidados de vô João, que não soube bem o que fazer com aquilo: vendeu uns lotes, perdeu outros para os impostos. Enfim, a sua vida na Europa foi começar do zero. E por mais que ele mantivesse laços com a família deixada no Brasil, com a qual se comunicava por cartas, essa nova vida caiu-lhe como uma luva. O Brasil era limitado demais para suas ambições literárias e políticas.

A Europa foi também um processo iniciático que lhe escancarou a realidade que nunca tinha visto antes, ou sequer imaginado. Nesse momento de vida, tio Jorge estava completamente entregue ao stalinismo. Ele dizia que nunca tinha sido de fato sectário, mas a verdade é que foi – e muito. "Sectário", aliás, foi uma palavra que ele usou constantemente ao longo da vida, em tom crítico, depois que rompeu com o Partido Comunista, no final da década de 50. Tudo que era ruim era "sectário", apesar do seu envolvimento sectário com o stalinismo.

Stalin era Deus. Foi o libertador do povo sofrido pelas injustiças sociais. Foi o comandante que conduziu a humanidade para um novo mundo, pleno de equilíbrio e satisfação pessoal. Servir a Stalin, através do Partido Comunista, era não só um dever, mas também uma honra. Tio Jorge trabalhou para o partido como um verdadeiro funcionário, embora nunca recebesse um tostão. Na Europa, ele repartiu seu tempo entre as funções do partido e a literatura. Mas foi lá também que ele começou a encarar a grande decepção da sua vida.

Em Paris, depois de dois anos, ele foi repentinamente convocado pela emigração por motivos obscuros, e convidado a se retirar do país no prazo de quinze dias. Como ele, outros intelectuais estrangeiros comunistas, como o próprio Pablo Neruda. A explicação era sutil: a pressão da guerra fria que ficava cada vez mais latente. Essa foi uma decepção muito grande para ele. Tio Jorge amava Paris, profundamente. E agora, mais uma vez, tinha que largar tudo às pressas, uma vida que tinha sido construída ao longo desses dois anos, resolvendo dificuldades de dinheiro, de adaptação, de conforto, junto com sua mulher e uma criança de dois anos, sem ter para onde ir, rotulado como uma espécie de criminoso... E por conta desse problema, ficou impedido de ir à França por 16 anos.

O seu refúgio foi o Zamek Dobris ou Castelo dos Escritores, em Praga, na antiga Tchecoslováquia. Ali viviam escritores de todos os cantos do mundo, socialista dedicados ao seu ofício e comprometidos com a ideologia soviética. Foi nesse lugar que ele escreveu o longo romance "*Os Subterrâneos da Liberdade*", o único em que a maior parte da narrativa ocorre na cidade de São Paulo. Mas é um romance fraco. Principalmente quando comparado aos dois livros anteriores, "*Terras do Sem Fim*" e "*São Jorge dos Ilhéus*", dois romances épicos. Ele escreveu "*Subterrâneos*" para retomar a sua vocação de escritor, um gesto aflito para que a política não prevalecesse sobre a literatura. Não conseguiu. Tio Jorge dizia que "*Subterrâneos*" foi o único livro verdadeiramente político de sua extensa obra. Um trabalho extenuante, que procura retratar a luta contra a ditadura e as perseguições do Estado Novo, baseado em fatos reais – e o aspecto histórico do livro é o que "salva" a obra. Essa não é só a minha opinião. É da família e sobretudo a dele mesmo. Ele dizia que deu muito trabalho retratar todo aquele universo do livro, com personagens de classes sociais diferentes. E escreveu sem se preocupar com o estilo, cometendo erros literários básicos, "preocupado mais com o conteúdo do que a forma", segundo suas próprias palavras. "É barroco e popular ao mesmo tempo".

"*Subterrâneos da Liberdade*" talvez tenha mais sentido como sinalizador de um fim de uma fase da vida. A partir deste livro, ele resgatou em si mesmo o gosto de escrever romances, atividade da qual estava afastado havia algum tempo já.

Simultaneamente, Jorge Amado começou a ouvir boatos sobre a crueldade do regime soviético stalinista. Ali, naquele ambiente de escritores e intelectuais, as informações circulavam de boca em boca. Notícias de prisões, torturas e injustiças com companheiros leais começaram a destruir o castelo de sonhos do comunismo soviético, criando uma desconfiança que nunca tinha existido. Foi um momento duro, marcado pela resistência em aceitar a verdade.

Então houve o caso de Artur London, um importante militante, líder do Partido Comunista tcheco e com uma atuação heróica na guerra civil espanhola. London foi preso sob a acusação de ser trotskista e passou alguns anos no cárcere, sendo torturado continuamente. Depois de libertado, escreveu o livro "*A Confissão*", que teve muita repercussão e se transformou num filme do mesmo nome pelas mãos do diretor grego Costa Gravas. Aquilo foi um choque para Jorge Amado. A partir daí começou a despertar nele uma grande crise de consciência que o conduziu ao distanciamento do PCB. Nas vezes em que conversamos sobre o assunto, sobre o fato de ele ter se afastado tanto da Partido Comunista, ele se transformava. Adquiria um olhar distante, como se estivesse vendo cenas do passado e se emocionava de maneira discreta. Dava para perceber que era uma emoção confusa, uma mistura de sentimentos bons e ruins cicatrizados ao longo de uma etapa da vida, da juventude, de seus primeiros momentos de sucesso. Aquele olhar logo se dissipava porque afinal eram cenas que ele já tinha visto e revisto tantas e tantas vezes relacionadas a questões que provocaram tantas reflexões, dúvidas e decepções, que já não adiantava mais voltar àquele universo a não ser para saciar o interesse do sobrinho curioso. Então ele me dizia frases curtas, mas cheias de conteúdo. "O mais importante é pensar com a sua cabeça, e não com a cabeça dos outros".

Uma conclusão, tão simples quanto óbvia, que lhe custou um pedaço da sua alma que nunca mais regenerou.

Minha avó Lalu contava algumas lembranças dessa época que ora pareciam trágicas, ora cômicas. "Jorge passou o diabo, tadinho", dizia ela sobre a temporada na Europa. O exagero, sendo de mãe, é perdoável, mas tem seu fundo de verdade. Lalu dizia que não tinha comida que prestasse na Europa, que as pessoas passavam fome e eram capazes de brigar por causa de um pedaço de pão. Por isso, ela mandava periodicamente peças inteiras de carne seca para o filhinho se alimentar. Naturalmente era mentira, mas ela falava com tanta convicção que passou a acreditar que era verdade. Ela gostava de dizer também como tio Jorge era querido lá, e contava, fazendo cara de nojo, que ele encontrava uns homens que o beijavam no rosto. Mais tarde as histórias se complementam e eu pude descobrir que esses homens beijoqueiros eram russos, e não seres de outros planetas, muito embora, naquela época, talvez fossem tão estranhos e distantes quanto ETs. E o fato de a Europa ter consolidado a sua fama internacional como escritor nunca a impressionou muito. Ela achava um pouco bobagem essa história de as pessoas admirarem tanto um escritor porque, afinal, o que produz um escritor? Nunca seria um médico, exemplo de profissional capaz de curar pessoas. Nessa época, meu pai, recém formado em medicina, trabalhando em hospital e consultório, era para ela muito mais importante do que o renomado escriba, ainda que ele apenas ajudasse a tratar alguns poucos casos de gripe infantil. Além do mais, segundo a visão de Lalu, tio Jorge gastava boa parte do seu tempo trabalhando de graça para um "partidozinho de merda", pelo qual, inclusive, já tinha sido até preso.

Apesar das notícias cruéis e da decepção crescente com Stalin, ele manteve sua atuação partidária na Europa, principalmente ligada às atividades do Conselho Mundial da Paz, formado em consequência do Congresso, no qual ocupava cargo executivo (não-remunerado). Mas tudo indicava que aquela fase da vida estava chegando ao fim. A soma de todos os fatores só deixava margem a uma conclusão. A decepção ideológica, os dois filhos pequenos, o sacrifício de Zélia e a sensação de que era tempo de mudar de vida, procurar seu canto, se dedicar à literatura, o fez ver que era hora de voltar ao Brasil.

Agora seria tudo diferente. Em primeiro lugar, ele era uma celebridade internacional voltando ao seu país – seus livros batiam recorde de venda no Brasil. Em segundo lugar, a perseguição e prisões aos comunistas já estavam mais brandas: Getúlio Vargas tinha assumido a presidência ao ser eleito pelo voto popular. E, finalmente, a único problema legal que persistia era um processo por subversão devido ao livro "*O Mundo da Paz*". E diante desses fatos, o casal resolveu enfrentar a situação e voltar ao Brasil.

Capítulo 13

Idealismo e romantismo

O sucesso de Jorge Amado se deve ao seu talento literário indiscutível, ao seu carisma e a generosidade com que sempre tratou as pessoas ao seu redor. Mas, dentro da família, nós tínhamos uma maneira diferente de encarar esse sucesso, ainda que nossa admiração não lhe faltasse. Ele mesmo, nas conversas que tínhamos a respeito, era também humilde e confessional quando o assunto era esse. Sem dúvida, sempre gostou de ser o centro das atenções, de ser famoso e admirado. Mas tinha senso crítico.

Uma de suas características mais debatidas era a sua militância política e seu envolvimento com o Partido Comunista, tanto no Brasil como lá fora. Jorge Amado foi quase um funcionário do chamado Partidão na década de 1940 até meados dos anos 50, quando finalmente se desvinculou.

Esse envolvimento, a militância política e os ideais sociais e de justiça, tiveram influências positivas e negativas na sua vida e na sua literatura. Enquanto fizeram parte da sua criatividade literária natural, essas características pessoais elevaram o tom e deram caráter à sua obra. Mas quando seus compromissos partidários e ideológicos prevaleceram sobre sua criação literária, o resultado não foi tão bom, com um claro empobrecimento da sua criação. Exemplos não faltam, mas eu destacaria especificamente um deles: "*O Mundo da Paz*". O livro, escrito no exílio, quando morava no Castelo dos Escritores em Praga, foi publicado em 1951, no auge de suas convicções comunistas e de sua total lealdade ao partido. Não é um romance. É mais um guia de viagem pela União Soviética, no qual exalta os esforços do socialismo para a reconstrução dos países e para consolidar a paz do pós-guerra. Fez sucesso na Albânia, um dos temas centrais do guia, e chegou a ter cinco edições, inclusive uma tradução para o tcheco. Depois não foi mais editado. O próprio Jorge Amado reconhecia a má qualidade do texto e proibiu que o livro fosse publicado novamente, considerando-o fora de sua vasta bibliografia.

Certa vez, em visita a São Paulo, eu já era adulto, conversamos de maneira mais profunda sobre esses "ásperos tempos", que, aliás, é o título de um dos segmentos do livro "Subterrâneos da Liberdade". Eu estava curioso a respeito de como foram seus primeiros anos de escritor, já que era a fase em que eu me encontrava também. Ele me contou que seus primeiros livros foram bem de vendas, considerando os números da época. A primeira edição de "*Cacau*", de 1933, seu segundo livro, por exemplo, foi vendida em 40 dias, todos os 2 mil exemplares. A segunda edição escoou 3 mil exemplares no mesmo período de tempo. "Foi proibido e isso ajudou a vender", me disse. A polícia chegou a recolher os exemplares, mas graças a Oswaldo Aranha, na época ministro, o livro voltou ao mercado cercado de curiosidade.

Além dessas conversas que tive com ele sobre esses primeiros tempos, as circunstâncias me levaram a estudar o tema – seus primeiros anos como escritor – de maneira acadêmica. Meu mestrado e doutorado em Letras na USP se concentram no Romance de 30 e o protagonismo desempenhado por Jorge Amado neste movimento. Aqui não é o espaço adequado para apresentar minhas teses em torno desta pesquisa, mas esse trabalho acadêmico revelou em detalhes quem foi Jorge Amado nesta época – um personagem que eu não conhecia, mas conectado com aquele com quem me relacionei décadas mais tarde.

Tio Jorge nessa época era estudante de direito no Rio de Janeiro, filiou-se à Juventude Comunista e participava ativamente da ANL, a Aliança Nacional Libertadora. Um grande número de intelectuais, pacifistas, políticos, humanistas e até conservadores se juntaram nessa organização eclética que tinha como objetivo combater a influência fascista no Brasil, apoiados explicitamente pelo PCB, que era ilegal. Mas a intenção era deter o nazifascismo que vinha se avolumando em todo o mundo, e a ANL chegou a ter mais de um milhão de afiliados, segundo tio Jorge.

Os tempos eram polarizados. A ascensão de Hitler, na Alemanha, seguia os passos de Mussolini em direção à sanguinária extrema direita e ambos apoiavam sem constrangimento o massacre promovido por Franco na Espanha. Stalin, cujos crimes a essa altura ainda não tinham sido revelados, fazia o outro lado da moeda conduzindo a União Soviética. Essa polarização irradiava-se por todo o ocidente e, é claro, chegava também ao Brasil.

Aqui, todas essas circunstâncias, somadas à revolução de 30, operou grandes modificações no cenário social. Houve, na verdade, um florescimento em todos os campos da cultura, mas principalmente na literatura. O que hoje chama-se Romance de 30 representa um dos movimentos literários mais importantes e produtivos não só no Brasil, mas também na Europa e nas Américas. Foi criada uma indústria editorial, com a proliferação de editoras, tiragens, escritores, revistas literárias e, principalmente, leitores. Surgiu o romance social, intencional, no qual predominavam os escritores do chamado "Norte" (hoje nordeste) entre eles Rachel de Queiroz, José Lins do Rego, Graciliano Ramos, Amando Fontes, Jorge de Lima e, claro, Jorge Amado – todos eles repercutindo o pioneirismo de José Américo de Almeida, autor de A Bagaceira, lançado em 1928.

O interesse pelo romance do norte foi imenso. Foi uma literatura que revelava uma face do Brasil até então desconhecida do público leitor que vivia no eixo Rio-Minas-São Paulo-Minas, principalmente no Rio de Janeiro, então capital do Brasil. Uma literatura de ambientes, personagens, cenários, contradições, culturas impactantes e reveladoras de um Brasil até então distante num momento em que o país desenvolvia a noção de unidade. O Norte não era mais só problema "deles" e passou a ser "nosso".

Foi nesse ambiente que aparece Jorge Amado, chegando ao Rio de Janeiro com apenas 18 anos de idade, sem ainda ter completado o ensino médio. O que se contava na família é que tio Jorge havia se apaixonado perdidamente por uma moçoila, ambos ainda adolescentes, e que havia comunicado ao seu pai sua intenção de se casar com ela. Vô João ouviu aquela proposta pacientemente. Primeiro, deu alguns conselhos de "macho baiano". "Sirva-se da moça, aproveite, não é preciso casar para isso", disse o coronel. De jeito nenhum, respondeu o jovem Jorge, a moça é direita e eu a amo, quero passar o resto da vida com ela. Vô João pensou um pouco, evocando a sabedoria de seus ancestrais, e, em vez de fazer ameaças ou proibições, veio com uma ideia definitiva. Disse ao jovem Jorge que ele deveria embarcar para o Rio de Janeiro, lá se estabelecer com a ajuda do pai, e assim que arrumasse um lar digno, chamaria a noiva para efetivar o casamento. O casal, argumentou o pai, deveria morar numa cidade decente, que provesse possibilidades futuras aos dois jovens, e não passar o resto da vida naquele fim do mundo no sul da Bahia.

Para Jorge Amado, aquele argumento fez sentido: suas ambições com certeza seriam mais bem acolhidas na dinâmica capital do país, centro cultural e político onde acontecia tudo o que tinha que acontecer do interesse de um candidato a escritor. E lá se foi embarcando rapidamente rumo ao Rio, deixando não mais do que promessas à ex-futura noiva.

A conexão com a "paixão da sua vida" não durou mais do que algumas semanas, comprovando a eficiência do método do coronel João. Jorge Amado rapidamente se estabelece no florescente cenário literário e se dedica a uma produção febril de livros e artigos, tornando-se um dos protagonistas do Romance de 30. Nos quatro primeiros anos, escreve três romances e mais de cem artigos publicados em revistas literárias e suplementos culturais. Verdade que são romances ainda experimentais, que demonstram o talento do escritor e ao mesmo tempo procuram explorar transformações literárias, apoiadas numa voz que é identificada como "romance do Norte", "romance social" ou, ainda, "romance proletário".

O livro que lança em seguida, "*Jubiabá*", é considerado por ele mesmo como o amadurecimento de sua literatura no qual resgata fundamentos consagrados do romance sem perder sua identidade e compromisso com sua realidade. No livro, Balduíno, considerado um dos primeiros protagonistas negros da literatura brasileira, conclui que o racismo está intimamente ligado ao problema de classe, do rico e do pobre, do escravo e do seu dono. Pensar no racismo do Brasil como a distinção entre raças é reduzir a discussão e negar nossa realidade, disse-me ele, certa vez, numa longa conversa mais intelectualizada. Temos que levar em consideração essa experiência única no Brasil, que é a mistura de raças. Eu aceitei aquela argumentação imediatamente, mas depois, refletindo com mais calma, cheguei à conclusão que ele era contra a política de cotas, que começava a ser discutida naquela época. Sim, ele confessou que era contra. Que no Brasil não havia mais o negro puro, que nossa população era uma grande mistura, quase homogênea. Então como estabelecer cotas? Por mais que sua argumentação, experiência e ideias justifiquem a sua posição, acredito que hoje, segunda década do século XXI, ele apoiaria a política de cotas implantada no Brasil e seu caráter assistencialista e emergente.

De todo jeito, suas militâncias, sua luta constante e sua posição política foram fatores que ajudaram a lhe dar notoriedade e até mesmo a vender livros dentro e fora do país. Ser comunista foi um bom negócio para ele, sem que ele procurasse por isso. E foi um mau negócio porque, por muitos anos, impregnou de sectarismo a sua obra.

Mas ele não foi o único. Na verdade, a década de 30 foi prodigiosa em termos de literatura, especialmente no gênero romance. Grandes autores surgiram nessa época mais ou menos comungados com os mesmos ideais. Tio Jorge disse-me que não havia muitos escritores nessa época, "uns trezentos, não mais. E todos se conheciam pessoalmente ou por troca de correspondência". Assim, a sua "turma" não se diferenciava de suas ideias ou de suas intenções literárias. Raquel de Queirós, Jorge de Lima, Aurélio Buarque de Holanda, José Lins do Rego, enfim grandes escritores que surgiam mais ou menos ao mesmo tempo num safra literária realmente especial. Com um deles, tio Jorge estabeleceu uma relação muito pessoal: Graciliano Ramos, um dos maiores romancista brasileiros. A história do encontro deles se transformou numa espécie de folclore familiar, de tanto que foi contada.

No começo da década de 30, José Lins do Rego já era um escritor muito respeitado, pelo menos pela crítica, por sua obra relacionada ao ciclo de cana de açúcar no Nordeste. Como muitos escritores da época (e até mesmo nos dias de hoje), optou por uma alternativa clássica para trabalhar e escrever: ser funcionário público. Formado em Direito, ingressou no Ministério Público e depois se transferiu para Maceió aproveitando-se da disponibilidade do cargo de fiscal de banco, uma atividade que não comprometeria o ofício de escritor.

A verdade é que ser escritor é uma escolha definitiva e um tanto paradoxal: você é escritor o tempo todo e quase nunca, seja o que estiver fazendo. José Lins do Rego, nas atribuições de seu cargo de fiscal, recebeu, certo dia, um memorando produzido pelo prefeito de uma obscura cidade do interior do Estado, Palmeira dos Índios, e o leu com olhos de escritor. O memorando, uma peça burocrática, causou uma enorme impressão positiva nele – quem poderia ter um texto tão refinado sendo o prefeito de uma cidade tão pequena e longínqua? A sua fascinação foi tanta que logo fez contato pessoal com o tal prefeito e recebeu dele um romance pronto: "*Caetés*", uma obra que se transformou num marco da literatura brasileira. José Lins Rego, depois de ler o romance, enviou-o ao Rio de Janeiro, onde circulou pelas mãos de todos os seus conhecidos e, em 1934, foi publicado.

Como bem disse tio Jorge, todos os escritores se conheciam nessa época, e foi uma surpresa a existência dessa voz literária em Palmeira dos Índios. A tal ponto que Jorge Amado resolver conhecer pessoalmente o autor. E pegou um navio pelo Rio São Francisco que o levaria até Penedo – e de lá, para Maceió, onde combinou com Graciliano esse encontro. Ficaram amigos eternos. E mais tarde, a filha de Graciliano, Luiza, casou-se com meu tio James e as duas famílias, Ramos e Amado, se entrecruzaram definitivamente.

A literatura efervescia no nordeste nessa época e não parecia ter muitos pontos de contato com o modernismo, que surgia mais ao sul do país, principalmente em São Paulo. Tio Jorge tinha muitos amigos entre os modernistas, inclusive Oswald de Andrade, que admirava sua obra desde o lançamento de "*Jubiabá*". Mas em termos literários, não havia muito em comum.

A Semana de Arte de Moderna, que ocorreu em São Paulo, em 1922, foi um movimento distante da Bahia. Em primeiro lugar, porque a comunicação era precária e qualquer coisa que acontecesse no Sul demorava anos para repercutir no Nordeste. Em segundo lugar, a São Paulo daquela época não tinha relevância no cenário cultural brasileiro, era até considerada uma cidade provinciana – o centro de tudo estava no Rio de Janeiro, a capital do país.

Para uma nova geração de escritores que surgia na Bahia, o modernismo paulistano só foi notado em 1927. Nessa época, Jorge Amado tinha 15 anos, mas apesar da pouca idade, já era muito engajado na literatura e na política – e assim como ele, toda uma geração surgia, formando o que batizaram de Academia dos Rebeldes. Tio Jorge falava desses tempos com orgulho. Não se rotulavam como modernistas. Buscavam uma literatura brasileira com caráter universal, engajada no momento histórico e transformadora da realidade. Eram boêmios, que viviam a noite da cidade, estudantes e jornalistas misturados com pais de santo, prostitutas, malandros e marinheiros. Para aquele garoto de 15 anos, a vida se descortinava fascinante, cheia de desafios e de sonhos. Não faltavam motivos para a rebeldia: ali entre eles, nos terreiros de candomblé, a repressão era constante e violenta. A polícia invadia os terreiros, quebrava tudo, batia em todo mundo, prendia e torturava os pais e mães de santo. Não era só uma repressão à prática religiosa. Tratava-se de combater a cultura negra – e a revolta contra essa repressão veio a ser a matéria prima de sua literatura.

"*O Romance de 30*" foi uma espécie de resposta ao modernismo. Tio Jorge afirmava sempre que o modernismo foi um movimento regional de São Paulo que não estava exatamente interessado na realidade do país. Era uma literatura, dizia ele, que não tinha o conhecimento do povo, como tinham os autores do "*O Romance de 30*". O modernismo promoveu uma transformação formal, mas não contribuiu para uma mudança social. Já o "*O Romance de 30*", segundo ele, tratou dos problemas do povo brasileiro com uma escrita baseada na língua falada no país. Eu achava interessante essa abordagem e bem fundamentada. Mas discordava dessa crítica porque considerava o modernismo fundamental também para uma reflexão social. Certa vez ousei comentar isso com ele – eu tinha em torno de 20 anos de idade e estava num momento bem crítico em relação à literatura em geral. Mas então ele me deu uma resposta que me desconcertou: disse que o modernismo criou uma consciência nacional, mas não transformadora. Uma consciência tanto de esquerda quanto de direita – e recomendou que eu lesse o discurso que fez ao tomar posse na Academia Brasileira, em 1961. "Minha geração, surgida na onda de um movimento popular e armado, tinha algo a dizer, de ardente realidade e esperança profunda...". "Sem dúvida, pode-se dizer que os romancistas da geração de 30, de certa forma, estrearam o romance brasileiro, pois tentaram resolver a grande contradição que caracteriza a nossa cultura, ou seja, a oposição entre as estruturas civilizadas do litoral e as camadas humanas que povoam o interior".

Nossa conversa não parou por aí. Eu compreendia a importância do romance dos 30, ou como disse o antropólogo Josué de Castro, "do Nordeste saiu a primeira fornada dos verdadeiros romancistas brasileiros". Mas achava que não havia necessidade de diminuir o movimento modernista. Argumentava que, à parte todos os méritos do romance nordestino, considerava a temática limitada e, principalmente da parte dele, pouco cuidadosa com a linguagem literária. Mais ainda: afirmava que a literatura latino-americana, principalmente o realismo fantástico que naquela época aparecia com muita intensidade, era uma manifestação literária superior a qualquer outra que tenha ocorrido no Brasil. Jorge Amado não chegava aos pés de Gabriel García Márquez, por exemplo, dizia eu.

Eu tinha vinte e poucos anos e era bastante metido. Lembro que meu pai ficou furioso com essa afirmação tão arrogante. Mas tio Jorge, não. Aceitava tranquilamente as críticas e sabia responder com sabedoria. "Não há uma América Latina, não existe esse sentimento unificado, esse continentalismo", dizia ele. "Não existe uma literatura latino-americana. Existem literaturas. Não há identidade cultural entre os países da América Latina, a não ser o idioma. E não há também identidade étnica, os povos têm formações diferentes". Esse tipo de visão, no meu entender, queria dizer que ele não pertencia a uma literatura dos outros escritores latino-americanos. Ele não estava fora do grupo porque não existia grupo. "Assumir uma literatura latino-americana tem conotação imperialista e quando aceitamos, tomamos a atitude de colonizados".

Por outro lado, é difícil não reconhecer que o realismo fantástico foi um movimento que se desenvolveu de forma semelhante na literatura de vários países, conferindo-lhes, sim, uma identidade. E que a literatura brasileira teria ficado fora desse movimento. Ou talvez não. Acredito que Jorge Amado tenha feito incursões muito interessantes pelo realismo fantástico sem necessariamente assumir sua participação nele, como são os casos dos livros "*Dona Flor e Seus Dois Maridos*" e "*A Morte e a Morte de Quincas Berro D'Água*". Mas ele nunca reconheceu isso.

Ele sempre enfrentou as críticas com aparente naturalidade, mas no fundo tinha um pouco de mágoa, principalmente quando essas críticas se originavam no fato de ser muito popular. Críticos mais rigorosos, mais acadêmicos e rígidos, não gostavam dessa característica, dessa capacidade de provocar interesse num público tão amplo e de e suas obras serem usadas em filmes, peças, novelas e especiais da TV. E essa restrição repercutia em críticas a respeito de sua linguagem literária, considerada mal acabada, seus temas muito populares, sua simpatia pelas prostitutas e até o seu uso farto de palavrões, expressões chulas e cenas extremamente eróticas. Recebia críticas por valorizar e romantizar a vida dos destituídos socialmente, dos marginais e excluídos. Recebia até mesmo acusações de ser machista pela maneira com que abordava e definia a atuação das mulheres em seus romances. Ele apenas dizia que mostrava a realidade como era e não como seria desejável. Definitivamente Jorge Amado não era aceito em todos os ambientes e respeitado como uma voz literária brasileira. Com o tempo, isso foi mudando, é verdade, e sua obra hoje é tida como clássica, um exemplo da identidade brasileira e indicada pelos educadores.

Eu superei a minha fase crítica totalmente. Mas há alguns fatos na sua vida e na de tia Zélia que me deixam intrigado. Principalmente a relação de ambos com os respectivos filhos do primeiro casamento: Lila, por parte de tio Jorge, e Luís Carlos, por parte de tia Zélia. Esse assunto se tornou uma espécie de tabu dentro da família, muito pouco comentado e, quando citado, sempre com reservas e reticências.

Lila foi fruto do casamento de tio Jorge com Matilde que durou onze anos, de 1933 a 1944. Eles se separaram quando a menina tinha cinco anos e o relacionamento entre eles sempre foi meio obscuro. Matilde, que tinha apenas 17 anos quando se casou, era uma moça muito magra, um tipo meio exótico e sensível, uma poetisa. Muito pouco se falava dela dentro da família, mas às vezes escapavam alguns comentários furtivos. Lalu me contava alguns poucos detalhes e dizia que ela tinha ficado "doidja", com seu sotaque baiano. Doida mesmo, de ser internada num manicômio, o que sempre me pareceu descabido. Tanto é que Matilde voltou à cena em 1978 para assinar o divórcio, que passou a existir no Brasil, para que tio Jorge e tia Zélia se casassem oficialmente. O fato de Matilde não ser sequer uma lembrança me incomodava, mas nem tanto quanto a omissão em relação à Lila. Houve uma época que isso me incomodou muito. Afinal era a minha prima, ainda que eu não a tivesse conhecido – ela nasceu em 1935 e morreu em 1949.

Sobre a morte dela, correm versões públicas diferentes. Há registros de que sua morte foi provocada por tifo, por leucemia, por causas desconhecidas e até por erro médico. Mas a verdade é que ela morreu de lúpus, doença autoimune da qual ela passou a sofrer pouco tempo antes de sua morte.

Nessa época, tio Jorge e tia Zélia estavam na Europa, morando em Paris, com seu primeiro filho. Nos registros pessoais ou literários não há praticamente nada a respeito do momento em que Lila morreu. Apenas alguns poucos comentários. Tio Jorge recebeu a notícia por telegrama do vô João e ficou extremamente surpreso porque ela teria morrido "de repente". Mas, na verdade, não foi bem assim. Lila estava até planejando ir para a Europa visitá-los e só não o fez porque já estava doente. Além disso, tio Jorge e tia Zélia não cogitaram em nenhum momento voltar ao Brasil depois da morte dela para estar com as pessoas que conviveram com Lila em seus últimos momentos, como meu pai e minha mãe, por exemplo, que cuidaram dela o tempo todo.

Lila se relacionava normalmente com Zélia e Jorge quando estavam no Brasil. Visitava-os no Rio de Janeiro e chegou a cogitar a possibilidade de ir morar no sítio com eles. Era uma menina alegre e carinhosa, preocupada com o pai no exílio, com o qual se relacionava frequentemente por carta.

Também nunca conheci os fatos que envolveram a relação de tia Zélia com o Luís Carlos, filho do casamento com Aldo Veiga. Ela foi morar com tio Jorge quando o menino tinha quatro anos. Aldo e o filho tinham bom relacionamento com os pais de Zélia e frequentavam a casa deles habitualmente. Vera, a irmã de Zélia, era quem mais cuidava de Luís Carlos, convivia com ele diariamente. A guarda dele, num processo que nunca foi muito transparente, ficou com o pai, talvez devido ao fato de que na época não tinha divórcio. Zélia teria apenas se desquitado dele e como já morava com outro talvez não tenha tido sustentação legal para reivindicar a guarda para si. O fato, no entanto, é a relação entre mãe e filho não foi convencional. Zélia foi para o Rio e ainda visitava o filho em São Paulo ocasionalmente. Há alguns relatos pessoais dela em que reclama das saudades do filho, mas há também confissões de que ela teria feito uma opção, a de abandonar tudo para ter uma nova vida com Jorge Amado. Sempre me impressionou muito essa coragem de, em plena década de 1940, renunciar não só a uma vida conjugal, mas também ao filho, de forma tão definitiva. Por isso, por sua lealdade a tio Jorge, seu companheirismo e dedicação, Zélia passou a ser uma referência de mulher independente, autônoma, capaz de ir atrás de seus sonhos. Vendo com uma certa distância histórica, consigo concluir que ambos renunciaram às suas respectivas vidas para viver a vida que encontraram juntos, com a família que formaram. O verdadeiro amor romântico.

Capítulo 14

A Volta

O que se faz quando seu sonho vira um pesadelo? Quando tudo aquilo em que você acredita, aquilo que sujeitou sua vida à prova, já não existe mais? Imagine o seu Deus, a sua mais importante referência ideológica, a sua esperança de vida, se desvanecer completamente.

Foi isso o que aconteceu com Jorge Amado durante seu exílio na Europa. Foi lá que ele tomou contato pela primeira vez com as perseguições e desmandos da União Soviético e do Partido Comunista, e seu sonho começou a acabar.

O Caso de Artur London foi muito grave e não se tratou de um evento isolado. Fez parte do chamado processo Slánský, conduzido pela União Soviética para desarticular uma alegada conspiração contra o Estado da Tchecoslováquia por parte supostamente de alguns membros do próprio Partido Comunista local que teriam se tornado adeptos do líder da então Iugoslávia, o Tito. Nesse processo, Rudolf

Slánský, suposto líder do grupo, e mais doze companheiros, foram presos, barbaramente torturados e acabaram sendo enforcados em 1953 em Praga. Outros foram "apenas" presos e torturados, incluindo Artur London, um militante abnegado e muito querido pelos companheiros de Partido por ter participado da Guerra Civil Espanhola e ter passado um bom tempo nas prisões nazistas durante a guerra.

Assim como London, outros ilustres membros do partido estavam sendo ameaçados ou vigiados e não havia mais como atenuar a tensão e a revolta contra essa perseguição. O discurso ideológico, aparentemente livre, passou a ser sussurrado nos encontros de amigos e a perspectiva de um mundo em paz, socialmente justo e de liberdade garantida simplesmente sumiu. Stalin, já não era mais uma manifestação divina, nem o guia "genial dos povos" e o "artífice da paz mundial", como Jorge Amado escreveu em um dos seus relatos de viagem. Era apenas um líder suspeito.

E com isso, o ciclo da vida na Europa parecia ter chegado ao fim. Já não fazia mais sentido permanecer no velho continente, escondido da realidade. E o casal, agora com dois filhos, decidiu voltar ao Brasil e reencontrar sua vida no Rio de Janeiro, a cidade que realmente abrigou nossa família durante muito tempo. Essa era a nossa cidade de fato e sair dela, como acabou acontecendo com todos, foi como uma diáspora familiar.

Mas naquele momento, começo da década de 1950, todos voltaram a viver próximos, resgatando um sentimento de união bem nordestino, em que os parentes convivem intensamente, muitas vezes em longos períodos de silêncio, ou resmungando uns contra os outros, mas sempre muito unidos. Meu pai tinha se formado médico, casado com minha mãe, trabalhava em hospital e morava na Avenida Atlântica. Tio James, ali perto, morava com Tia Luiza, na Rua República do Peru e tio Jorge foi morar com Lalu e vô João, na Rodolfo Dantas, a rua lateral ao Hotel Copacabana Palace, onde se instalou naquela espécie de duplex improvisado. Esse foi um momento bem familiar, ainda que não fosse nada tranquilo. A família estava passando por uma transformação importante devido à situação do PCB, do qual quase todos faziam parte.

Mas antes disso, tio Jorge tinha que resolver sua situação no Brasil. Não ter sido preso logo que chegou de volta já foi um avanço positivo, uma boa surpresa. Mas havia uma pendência jurídica: ele estava sendo processado como subversivo devido ao livro "*O Mundo da Paz*" – aquele mesmo que minha mãe considerava "uma droga", com a concordância do próprio autor e que foi removido da biografia dele. Felizmente, o juiz resolveu arquivar o processo por meio de uma sentença em que ponderava que o livro "de tão ruim" era apenas sectário, não subversivo. Essa é uma história que tio Jorge contava entre gargalhadas divertidas, porque, afinal, a expressão "de tão ruim" não foi do juiz, foi dele mesmo, num sincero e adequado reconhecimento das poucas qualidades da obra.

A essas alturas, Jorge Amado não queria mais fazer parte do Partido Comunista, queria apenas escrever. Já era um autor de muito sucesso, extremamente talentoso e com uma enorme energia produtiva. Mas esse foram anos estéreis, em que ficou sem escrever como se fosse necessário passar por uma estiagem para poder se reinventar como escritor.

Com muita dificuldade (afinal ele era um "quadro" importante) se desligou oficialmente do Partido Comunista, antes mesmo do famoso XX Congresso, em que os crimes de Stalin foram denunciados publicamente por Nikita Khrushchov, secretário do Partido – as torturas, as deportações, os expurgos, as prisões conduzidas pelo líder soviético. Tio Jorge esteve pressente nesse evento ocorrido em 1956, naquela que considerou uma das experiências "mais estranhas" da sua vida. E embora a essas alturas ele já tivesse abandonado suas funções dentro do PC, depois disso também rompeu de vez com o partido, a exemplo do que fizeram muitos intelectuais da curriola dele, como Oscar Niemeyer e Moacir Werneck. Incluindo os Amados, como meu tio James e meus pais. Foi encerrado um ciclo de militância, de ideias e de crenças. E embora tenha sido muito determinada, essa mudança nunca, de fato, alterou a ideologia principal dos Amados – a da justiça social, da igualdade entre os povos, da liberdade de crença e religião, do socialismo enfim.

Apesar de tudo o que foi dito sobre a posição política de Jorge Amado depois do rompimento com o PC, o fato é que nunca nenhum de nós da família, sobretudo ele, deixou de defender as principais ideias socialistas. Tio Jorge inclusive por diversas vezes declarou dentro da família e às vezes publicamente que o socialismo era inevitável se não no presente, no futuro certamente haveria de vigorar em todas as sociedades. Esse tipo de pensamento, romântico, idealista, tido muitas vezes como fora da realidade, é muito comum entre os membros da família Amado. Vivemos todos sob esse grande guarda-chuva da justiça social, ainda que muitas vezes as aparências possam levar a concluir o contrário.

E daí ocorre uma transição do homem e do escritor para uma nova concepção da vida e da literatura. Não é nada fácil, podemos imaginar, enfrentar a decepção de um sonho de vida ser extinto de forma tão violenta. De extrair dentro de si uma crença da vida toda como se fosse um dente podre. De olhar para o passado e enxergar-se tolo, ludibriado, tanto esforço para alimentar um engano gigantesco.

Tio Jorge enfrentou momentos de grande decepção em plena meia idade. "No meio do caminho desta vida me vi perdido numa selva escura, solitário, sem sol e sem saída", escreveu Dante Alighieri no seu "*Inferno*". Do "paraíso" socialista, agora ele estava mergulhado na escuridão. Tristeza, ódio, depressão, revolta... Os sentimentos se misturavam confusos, sem, aparentemente, apresentar qualquer perspectiva de alívio. Não só uma parte da vida dele havia sido desperdiçada, mas também parte da sua obra parecia ter sido escrita em vão.

Tia Zélia assistia a essas angústias em silêncio cúmplice. Não ousava, no entanto, tentar atenuar a dor do marido com frases vazias de estímulo e otimismo. Ela sabia que era tempo de revisão e sua única dúvida era como ele se renovaria a partir dessa transição. Da parte dela, a decepção era bem menor. Zélia nunca chegou a ser de fato membro do Partido Comunista e observava com restrições as manifestações mais radicais. Era socialista, sim, e de berço, acreditava na ideologia, mas percebia que o "ser humano" não estava à altura da grandiosidade do socialismo.

Então Jorge Amado volta-se para seus escritos como um filho pródigo. "Tudo o que eu queria era escrever", disse ele tantas vezes sobre esse tempo de rompimento com o passado. E daí escreve "*Gabriela, Cravo e Canela*", publicado em 1957 – e provavelmente o livro de sua autoria que fez mais sucesso no Brasil e no exterior.

Gabriela reúne as melhores qualidades literárias de tio Jorge, inclusive com pitadas bem humoradas, sem, no entanto, manter aquele ranço militante e sectário que tanto intoxicava a sua obra. É um renascimento em grande estilo, porque afinal trata-se de uma das obras máximas do autor.

Não foi essa a opinião de seus grandes amigos comunistas. Com Gabriela, Tio Jorge sofreu todos os tipos de crítica por parte do Partido e de alguns muitos amigos que ainda se agarravam ao stalinismo. Como seria possível um autor militante, comprometido com a causa, contemplado com o Prêmio Stalin, comunista preso e perseguido, produzir uma obra tão superficial e descomprometida como aquela Gabriela? Tio Jorge, no entanto, não se preocupou em se defender. Ao contrário. Assumiu sua intenção de escrever mesmo uma história de amor, com suas angústias e paixões, no cenário da sua terra e seu tempo. Mas sem abandonar o contexto social, as questões da realidade, as dificuldades do povo.

Ele não se importou com as críticas de caráter literário. Mas os ataques que sofreu, alguns gratuitamente ofensivos e agressivos, produziram um gosto amargo, uma angústia, dos quais ele nunca de fato se livrou. Até o fim da vida, ele enfrentaria a resistência dos militantes de esquerda mais radicais, a quem ele chamava de "sectários". E havia muitos deles dizendo que Jorge Amado havia abandonado o interesse pelo povo e pela "causa" para criar heróis e heroínas de caráter duvidoso, sem o impulso altruísta e revolucionário que impelia seus personagens passados. O que é a pura verdade. Felizmente. Gabriela inaugura um momento literário mais nobre do autor, em que há um aprofundamento da realidade e uma busca por uma maior complexidade dos personagens. Foi um amadurecimento, uma etapa na evolução do escritor que promoveu um salto de qualidade decisivo. E com um elemento a mais: o humor, que é ainda mais explorado nos livros seguintes.

Eu tinha um pouco mais de vinte anos e já era autor quando tive uma conversa muito interessante com tio Jorge, por ocasião de mais uma visita dele e de tia Zélia a São Paulo. Desta vez, ele não ficou em casa. Preferiu hospedar-se num único hotel que naquela época existia no bairro de Higienópolis, a uns duzentos metros de casa. E no dia em que chegou, convidou-nos todos para almoçar no hotel, no que foi atendido prontamente. Ele já estava melhor de vida e fazia ainda mais gestos generosos, levando-nos para jantar em restaurantes que gostava e nos dando presentes.

Depois do almoço eu me vi sozinho com ele no restaurante do hotel, ainda que todos o procurassem para falar alguma coisa, entre hóspedes, staff e garçons – e até o chef veio à mesa comentar que Dona Flor era seu livro favorito e pedir um autógrafo do velho. Como eu já era um escritor, nossa conversa, naqueles quarenta minutos que ficamos a sós, foi sobre literatura, um raro momento sério dos nossos diálogos. Ele falou um pouco sobre como ele era aos vinte e poucos anos e como deveria ser. Fez uma espécie de rápida revisão de seus primeiros anos como escritor e me expôs uma teoria que me foi surpreendente. Disse-me que quando se é jovem é muito difícil introduzir o humor na obra, porque existe aquele afã, aquele turbilhão de ideias sobre a vida e a literatura e a política e tudo o mais, e o jovem escritor acha que pode escrever sobre tudo e assume uma seriedade que lhe parece fundamental para chegar à profundidade que deseja. E que o escritor mais velho, já relaxado e seguro na sua ampla experiência, tende a deixar se levar por uma onda mais suave, criativa e.... bem humorada. Como exemplo, citou a si próprio, e a Machado de Assis, que só mais maduro é que deixou fluir todo o seu humor sutil e insinuante que tanta qualidade emprestou à sua obra.

Aquilo foi uma revelação, à qual, a princípio, tentei refutar, argumentar e questionar sem ter de fato argumentos consistentes. Capitulei, é claro, porque tinha mais o que conversar com ele do que discutir esse aspecto isolado da criação literária. Mas essa teoria me marcou profundamente. E ao longo dos anos eu sempre pensava nela, com um certo ar de desdém, perguntando-me porque, afinal, eu não conseguia fazer o humor infiltrar-se nos meus escritos. Hoje, bem mais velho, eu não teria como discordar do velho tio. O humor não só apareceu nos meus escritos como, também, na minha própria vida – um processo que hoje identifico completamente em tio Jorge.

Saí daquela conversa para casa onde imediatamente grudei no livro *"Os Velhos Marinheiros"*, que tinha achado "médio" quando o li aos 14 anos, apesar de me simpatizar pela obra por ter sido dedicada ao meu pai. Dez anos depois, o humor daquelas histórias ganhou grande visibilidade e eu ri o tempo todo – passei a noite lendo o livro entre gargalhadas. É claro que fui influenciado pela conversa que tive com tio Jorge, mas naquele dia eu ganhei consciência do humor como ferramenta literária – eficaz, interessante e apaixonante. Ainda que não fosse momento de eu usá-la como escritor.

Mas quem poderia entender essa qualidade literária e dar o devido valor a ela no final da década de 1950? Os críticos certamente não. A partir de Gabriela e até o fim da vida, os livros de tio Jorge ganharam um profundo, duradouro e incompreensível desprezo por um grupo de críticos, escritores e intelectuais inconformados com o seu sucesso de vendas. Ele nunca mais deixou se ser um best-seller, é verdade. Também é verdade que a sua popularidade crescia cada vez mais, tanto no Brasil como no exterior, impulsionada pelo interesse da indústria do cinema e da TV.

Ele já tinha cedido os direitos de alguns de seus livros para o cinema – "*Terras do Sem Fim*" foi um deles. Mas "*Gabriela*" era uma história tão boa, tão internacional, tão impactante, com qualidades cinematográficas inquestionáveis – amor, sexo, traição, humor, história – que chamou a atenção de Hollywood. A Metro fez uma proposta irrecusável pelos direitos de filmar "*Gabriela*" e tio Jorge, é claro, não recusou. Naquela época ele não estava com problemas financeiros, mas também não tinha folga nenhuma. Na verdade, tinha chegado de volta ao Brasil sem nada e tudo o que ele tinha era o apartamento da Rodolfo Dantas, que na verdade tinha sido comprado pelos meus avós. O dinheiro oferecido pela Metro era suficiente para comprar uma casa. Tio Jorge e tia Zélia já estavam, naquela época, confabulando a ideia de voltar a morar em Salvador em busca de uma tranquilidade difícil de encontrar. Tio Jorge já era uma celebridade e sua vida estava exposta demais no Rio de Janeiro. Para escrever "*Gabriela*" ele já tinha que sair do Rio em busca de tranquilidade e concentração – passava os fins de semana com tia Zélia num apartamento em Petrópolis. Certamente em Salvador seria melhor (ledo engano!). Foi então que decidiram comprar a casa do Rio Vermelho.

Anos mais tarde, conversando com tio Jorge, ouvi uma confissão surpreendente. Comecei a conversa dizendo que não tinha gostado muito da versão cinematográfica de "*Gabriela*" e ele também fez críticas. E como não fazer? Os produtores cismaram que o turco Nacib, personagem principal do livro, deveria ser interpretado por uma grande estrela internacional. E escolheram o italiano Marcelo Mastroianni para o papel. Um grande ator, sem dúvida,, mas para interpretar um turco que fala português e mora em Ilhéus? Tio Jorge ficou revoltado. Contou que Mastroianni teve que dublar a si mesmo e penou um bocado para conseguir um sotaque razoável de turco falando português. Apesar do esforço, não ficou bom. E tio Jorge ainda ficou mais irritado quando soube que, para justificar essa confusão, a produção alegou que fez pesquisas sobre a origem do personagem e descobriu que na verdade ele não veio da Turquia e sim da Itália. Como assim, pesquisar a origem de um personagem de ficção à revelia de seu criador? Foi uma grande decepção.

Mas havia outro problema, contou-me ele, lamentando todo o episódio. No afã de fazer um bom negócio, e sem experiência suficiente para esse tipo de cessão, tio Jorge assinou um contrato que não determinava um prazo máximo para que o filme fosse produzido. "Foi uma besteira enorme", me disse. A Metro segurou o filme por décadas e só foi produzi-lo no começo dos anos 1980, quando os direitos poderiam ser negociados por valores muito maiores. "Eu ainda tentei comprar de volta", me disse ele, "cheguei a oferecer o dobro do que me pagaram, mas eles não quiseram". Claro, né, tio, os caras não são trouxas, eu disse. "É, os caras não são", ele repetiu desajeitadamente o jeito "moderno" de falar, nada baiano.

Seja como for, os direitos de Gabriela permitiram que ele comprasse a casa do Rio Vermelho e iniciasse uma nova etapa da vida, marcada pela produção literária, pela vida internacional, pela fama e pelo sucesso.

Ele conseguiu! Rompeu as amarras com a política sectária, aceitou a derrota, se renovou, entendeu seu papel de escritor, enfrentou as pressões que faziam exigências fundamentais a ele, reuniu seus cacos e foi reconstruir sua carreira com o talento inquestionável que sempre teve. Aproximou-se definitivamente do povo e de seus leitores, desafiou a crítica sem hesitar e, ainda que tenha sofrido ofensas e agressões, que tenha perdido amigos e destilado angústias, voltou para Salvador íntegro como escritor e como homem para desenvolver aquilo que considerava a sua maior razão de viver. "Eu só quero escrever. É escrevendo que vou praticar a minha militância, que vou defender a liberdade e combater a opressão", ele dizia e sempre disse.

Em outubro de 1961, ele adquiriu a casa do Rio Vermelho. Quem vai à Bahia, hoje em dia, certamente vai constatar que o bairro do Rio Vermelho é um local privilegiado dentro da cidade e que foi muita sabedoria comprar aquele terreno no alto de um morro. Mas é um engano. Na época em que foi comprado por tio Jorge, Rio Vermelho era um bairro afastado do centro, de acesso difícil e praticamente abandonado. O terreno era bem grande, sim, mas a pequena casa existente teria que ser totalmente reformada porque simplesmente não se prestava a ser habitada. De modo que tio Jorge saiu do Rio sozinho, deixando tia Zélia no Rio de Janeiro com os filhos junto aos sogros. E ficou morando em Salvador de maneira improvisada enquanto conduzia as obras de reforma da casa.

O resultado final foi digno da qualidade de seus livros e de sua vida: a casa do Rio Vermelho virou um marco de Salvador, um verdadeiro museu particular onde viveu por mais de 40 anos a maior celebridade da Bahia. Mas isso é uma outra grande história a ser contada.

Capítulo 15

Bahia

Muitos críticos brasileiros, alguns acadêmicos, mas principalmente aqueles com posições políticas mais à esquerda, sustentaram fortes críticas à mudança literária que tio Jorge operou. Criticaram e ainda criticam. Não pelo fato de ter se desligado do PCB e feito uma revisão política, mas pelo tipo de literatura que passou a praticar. A partir de *"Gabriela"*, aquele tom mais engajado politicamente não estava explícito, argumentavam os críticos. E mais: ele passou a praticar uma literatura "comercial" com o objetivo exclusivo de vender livros. Não podiam admitir que *"Gabriela"* fosse capaz de vender 650 mil exemplares só no Brasil (hoje, esse número é muito maior) numa época em que a população de leitores era reduzida. E não podiam admitir também que as obras seguintes trilhassem um caminho semelhante em termos de vendagem, principalmente *"Dona Flor"*, que teve ótimo desempenho nas livrarias. Autores de sucesso, admirados, queridos e muito bem vendidos não podem ser verdadeiros literatos, dizem os críticos. E para sustentar esse argumento, apontavam características pouco literárias dos textos de Jorge Amado. Os palavrões, por exemplo, ou a descrição despudorada das relações sexuais. Os termos importados diretamente da boca do povo, com suas imperfeições estilísticas e seu vocabulário chulo. A repetição excessiva das descrições, um autor prolixo, taxavam. Essa resistência em incluí-lo no time mais nobre da literatura brasileira foi se atenuando com o tempo, mas nunca deixou de existir. A ponto de Jorge Amado ser pouquíssimo estudado nas Universidades brasileiras – uma espécie de exclusão técnica e tácita.

Ironicamente, a carreira literária dele ia de vento em popa. Principalmente quando, por fim, ele aceitou os fatos e trocou de editora, despedindo-se do seu velho amigo Martins para ingressar na Record, onde encontrou aquele que se tornaria também seu amigo íntimo: Alfredo Machado.

O sucesso também ocorria fora do Brasil e talvez em maiores proporções. Na França, por exemplo, ele obteve o maior dos reconhecimentos, a comenda da Legião de Honra, oferecida pelo próprio presidente François Mitterrand, um fã declarado da literatura de tio Jorge. Mas isso aconteceu em 1984. Muito antes disso, a França voltou a acolher Jorge Amado depois de 16 anos de proibição, durante os quais foi proibido de entrar no país sem nenhuma explicação plausível, assim como não teve nenhuma quando foi expulso de Paris em 1948. Naquela época, a justificativa era a Guerra Fria que determinava uma posição antagônica dos aliados dos Estados Unidos em relação aos simpatizantes e militantes do comunismo soviético. Mas não havia sentido que a proibição perdurasse por tanto tempo – e foi graças à intervenção de dois intelectuais e escritores que a proibição finalmente foi cancelada: o brasileiro Guilherme Figueiredo, Adido Cultural do Brasil na França e o francês André Malraux. Esse foi um acontecimento muito importante na vida de tio Jorge, porque a partir desse momento (1964) ele passou a ir praticamente todos os anos para Paris, cidade que amava e por ela e os parisienses era amado.

Assim como na França, também em outros países Jorge Amado usufruiu de enorme prestígio e fama. Principalmente na Europa, mas não exclusivamente. Na verdade, o seu prestígio internacional é hoje, e talvez tenha sido sempre assim, maior do que no Brasil, como é comum acontecer com as grandes celebridades internacionais brasileiras.

Pude constatar esse prestígio de maneira decisiva. Em 1988, fui convidado a participar do Internacional Writing Program nos Estados Unidos, um programa literário que reuniu, durante quase um ano, 32 escritores de diferentes países na Universidade de Iowa, patrocinados com uma "grant" pela embaixada americana, pelo United States Information Agency e pela Fullbright. Foi uma iniciativa para promover o intercâmbio cultural entre escritores do mundo todo com a cultura americana e, por conta disso, todos demos palestras e viajamos pelo país estabelecendo as mais variadas formas de contato. Havia escritores dos cinco continentes, inclusive de países remotos como Paquistão, Quênia, El Salvador e Rússia, que começava a retomar relações diplomáticas com os EUA. O que me impressionou foi que todos os 32 escritores presentes em algum momento dessa jornada aproximaram-se de mim para fazer perguntas curiosas sobre meu tio. Praticamente todos eles já tinham lido alguma obra de Jorge Amado. Afinal, ele foi o autor mais traduzido do mundo durante muito tempo (e talvez ainda seja). A fama e a admiração que sua obra suscitou em todo o mundo nunca deixou de me provocar surpresa.

Certa vez, quando eu estava em Salvador, ouvi uma conversa de João Ubaldo com alguma outra pessoa, algum intelectual de São Paulo cujo nome não lembro. O assunto era justamente a transição literária de Jorge Amado e o abandono da militância e da "arte engajada", termo que ouvi na conversa. João Ubaldo, autor de primeira qualidade, que praticou uma literatura também razoavelmente popular e era um acadêmico, explicava ao seu ouvinte que a fase engajada de Jorge Amado deu fundamentos para a sua literatura tão próxima do povo. E que abandonar a militância no PCB deu a ele a compreensão da natureza humana e a impossibilidade de mudanças de algumas características próprias dos seres humanos. E por isso ele amava seus personagens, dizia Ubaldo, até mesmo aqueles que eram vilões. Além disso, Jorge Amado foi o primeiro escritor brasileiro a ter como protagonistas de seus romances um negro. E pela primeira vez ele criava personagens femininos com autonomia de pensamentos e de vontades – palavras do próprio Ubaldo. "Jorge Amado via no sincretismo a singularidade da experiência brasileira, foi o primeiro a falar do amálgama das raças e culturas brasileiras como uma experiência única".

Eu nem sei se João Ubaldo percebeu que eu prestava atenção na conversa porque, naquelas alturas, eu devia ter entre 15 e 17 anos e não passava de uma adolescente curioso que ria à toa. Mas essa frase me marcou ao longo dos anos e contribuiu para o meu entendimento da literatura e do papel do escritor. Em algumas conversas posteriores que tive com tio Jorge ele repetia sempre um conceito fundamental ao romancista: o mais importante eram os personagens, eles têm que adquirir vida, ter alma, não importa se são vilões ou heróis, homens ou mulheres, crianças ou idosos.

Lembro de uma história que tia Zélia contava que se passava quando estava escrevendo seu livro "*Crônicas de uma Namorada*". Zélia comentou que o personagem, um rapaz, estava avançando o sinal com a prima, querendo botar a mão onde não devia e outras safadezas, e que iria cortar as asinhas dele porque não queria "essas coisas" no livro dela. "Não faça isso, não corte as asas dele. Me diga, o que a menina está achando?", perguntou tio Jorge. "Ah, ela está adorando", respondeu tia Zélia. "Então vou te dar um conselho: não se meta na vida dos outros".

Nessa mesma ocasião, João Ubaldo me fez entender duas características importantes da literatura de Jorge Amado. Ele criou estereótipos brasileiros, inclusive os indesejados, como a lassidão do povo e a sensualidade das mulheres. Usar estereótipos é fácil, difícil é criá-los. É por isso que Jorge Amado é tão importante na edificação de uma identidade brasileira que não está apenas restrita ao Nordeste ou à Bahia. Ele, e outros escritores nordestinos, foram talvez os primeiros a praticar uma literatura totalmente brasileira, sem vestígios europeus, ao contrário do que fizeram os modernistas paulistas – o que não lhes tira a qualidade e a genialidade.

Abandonar a militância e voltar a Salvador não foi exatamente uma opção pela tranquilidade. Ao contrário, a vida na Bahia se mostraria intensa de acontecimentos, visitas e muitas viagens. Mas ele se libertou. E passou a ser uma das celebridades mais importantes da cidade. Quem não conhecia e admirava Jorge Amado em Salvador? Era um verdadeiro rei.

Daí já começa uma fase da vida dele em que eu estava presente, já era nascido. Lembro quando meu pai anunciou que tio Jorge iria mudar para Salvador. Senti uma espécie de vazio, porque até então todos nós estávamos ligados ao Rio de Janeiro e era como se ele estivesse abandonando a família, ainda que estivéssemos também longe, em São Paulo. Mas o Rio era o Rio. E Salvador era uma cidade distante, desconhecida, improvável.

Meu irmão mais velho, André, foi o primeiro a passar férias na casa do Rio Vermelho. Ela já estava pronta, uma verdadeira obra de arte. Tio Jorge convocou todos os seus amigos artistas baianos para darem uma contribuição à casa. Os azulejos, as grades, esculturas, pinturas... nos fundos havia uma verdadeira sala de exposição, pouquíssima usada a não ser para quem quisesse ver as obras de arte e lembranças que estavam expostas ali. Desde livros autografados por celebridades até quadros, artesanato, fotos, objetos variados e esculturas – presentes vindos de todos os cantos do mundo. André ficou um bom tempo lá e a primeira coisa que lembra dessa temporada é que tio Jorge ficou insistindo para ele pegar a vizinha, uma moreninha graciosa, até provocar constrangimento no rapaz. Tio Jorge era assim sempre. Não sei se os tios costumam ter esse tipo de comportamento, ficar incitando os sobrinhos adolescentes, ainda tímidos e desajeitados, a namorar com as meninas adolescentes, nem sempre tímidas. Esse tio com certeza era assim, e o tempo todo. Parecia não ter outro tipo de preocupação a não ser encaminhar os jovens sobrinhos para o colo das mocinhas locais – e vice-versa. Papel de cupido, diriam os mais românticos. Negativo. Era um velho safado mesmo que todos amávamos intensamente.

O restante da família foi visitar tio Jorge pouco depois, quando começam as expedições de férias para lá. Nessa primeira vez, meu pai abarrotou a perua DKW com minha mãe, eu e meu irmão do meio e enfrentamos os quase dois mil quilômetros pela Rio-Bahia, numa viagem que não acabava nunca para os meus parâmetros ainda infantis e que tudo indica demorou três dias, pelo menos. Foi uma viagem inesquecível, não só por ter sido muito longa, como também porque nos introduziu no âmago do sertão baiano, naquela época muito inexplorado e desconhecido. Lembro das reações do meu pai: ele delirava com as lembranças que iam surgindo à medida em que nos aproximávamos de Salvador. Passávamos numa cidade e logo éramos cercados por ambulantes vendendo todo o tipo de trabalho e quitutes regionais. O doutor Joelson perdia a compostura. Atacava o menino que vendia mingau de mungunzá, o outro que oferecia cachos de pitomba e seriguela, a mulher que preparava poções de xinxim de galinha e o senhorzinho que tinha uma bancada de pinha, sapoti e laranja de umbigo. A volta às origens. O sotaque foi ficando cada vez mais carregado à medida em que nos aproximávamos do litoral. E o calor? Imediatamente as camisas do médico eram desabotoadas até o meio da barriga e lá permaneceriam a temporada toda, só retomando aos seus lugares na volta a São Paulo.

Naqueles anos, ir para a Bahia era entrar em outro mundo, completamente diferente do que vivíamos em São Paulo. Eu entrei nesse mundo baiano com uma curiosidade imensa, principalmente quando conheci a casa do Rio Vermelho, o enorme jardim, as obras de arte, as lembranças e o barulho constante das cigarras enormes que viviam naquelas árvores – e de noite entravam na casa, à procura da luz, debatendo-se alucinadamente contra as paredes e incomodando minhas noites de sono.

Também conheci, surpreso, a movimentação constante que havia naquela casa. Todos os dias, sem exceção, havia acontecimentos, alguns esperados outros nem tanto. Ou eram almoços, encontros, reuniões ou simplesmente visitas, a maioria intelectuais, artistas, escritores e celebridades em geral. Tio Jorge gostava de sentar-se na poltrona reclinável, em frente à TV e do lado do telefone. Estava constantemente tendo longas conversas telefônicas, algumas em francês, idioma que falava fluentemente. Minha mãe, que era proficiente em francês e inglês, ria muito do sotaque baiano do francês do tio Jorge, mas mesmo assim, me causava admiração ele ser tão à vontade no idioma.

Era também folgado. Pedia atenção dos sobrinhos para falar qualquer coisa ou simplesmente "encher o saco" com alguma brincadeira de mau gosto. Com as sobrinhas, fazia dengo e pedia carinho ou entregava uma espécie de instrumento de natureza baiana, feito para coçar, e exigia que as moças coçassem suas costas ou seus braços peludos. Na Bahia, entregou-se totalmente ao seu espírito malemolente.

Em uma certa noite, ele se produziu um pouco mais. Ficou todo de branco, calça comprida e camisa, e uma porção de colares – seu uniforme para ir ao Candomblé. Fomos todos ao terreiro de Mãe Senhora, uma mãe de santo de grande respeitabilidade e admiração no mundo do Candomblé. Eram amigos íntimos. Se abraçaram afetuosamente. E todos nós assistimos à cerimônia religiosa.

Aos olhos daquele menino que eu era, aquilo foi mais do que uma experiência curiosa. Fiquei extremamente impressionado com o ritual protagonizado pelas baianas girando suas saias rendadas e se transformando em entidades divinas ali, bem na minha frente. Não foi a única experiência que eu tive, mas foi a mais impressionante. Em primeiro lugar, porque tio Jorge foi recebido com grande admiração e ocupou um lugar de destaque durante o tempo todo. Em segundo, devido ao jantar que tivemos em seguida, na casa da mãe de Santo, quando experimentei aquela que considero o mais exótico dos pratos baianos, o sarapatel. É feito de sangue e miúdos de porco, tem um gosto forte e é muito energético. Algo que se come sob a proteção dos Orixás. Meu pai e tio Jorge caíram de boca na comilança, dois gulosos inveterados, e logo estavam quase imobilizados pela digestão intensa. Eu paguei o pato. Tio Jorge sentou-se ao meu lado num sofá e sem pedir, sem a menor cerimônia, apoiou a cabeçorra no meu frágil ombro de menino e embarcou em sono profundo. Daí tia Zélia viu a cena e se apressou em avisar: deixa ele dormir, fica quietinho, não acorda ele. Só podia ser por maldade, compreendi tempos depois. Fiquei servindo de apoio para a cabeça de Jorge Amado por alguns longos minutos. O consolo é que essa cena poder ser uma espécie de alegoria otimista: eu dando apoio à cabeça de Jorge Amado. Só se for uma piada.

Mais tarde, os acontecimentos daquela noite se encaixaram numa explicação familiar da qual fui aos poucos tomando consciência. E logo percebi que a maneira com que ligavam tio Jorge ao Candomblé era completamente equivocada. Por toda a sua história e participação em eventos do Candomblé, evocavam sua devoção religiosa, sua dedicação, sua crença incondicional no Candomblé. Nada disso era verdade. Tio Jorge nunca foi religioso, nunca acreditou em Deus, nunca deixou de ser ateu. Um materialista convicto. Como, de resto, os seus irmãos e descendentes. Lalu era católica e rezava diariamente e eu a olhava com aceitação. Mas, na minha casa, e na casa dos meus tios, não havia expressão divina. "Não foi Deus quem criou os homens. Foram os homens que criaram Deus" – esse era uma espécie de lema familiar que marca a geração de tio Jorge. A completa falta de fé religiosa da minha família permitiu que minha mãe, judia, se casasse com meu pai, gerando conflitos na colônia judaica e entre os parentes dela. Tudo com o tempo se resolveu. A família da minha mãe, antes resistente, acabou se afeiçoando muito ao meu pai e a nós em geral, mas o resultado disso é que nós, da geração seguinte, nunca tivemos nenhum tipo de educação religiosa.

Assim, tio Jorge era complemente ateu. Tia Zélia também, mas é interessante como sua família de anarquistas sempre manteve um pé na capela. Tanto é assim que seu livro, *"Anarquistas Graças a Deus"* guarda essa contradição entre o materialismo anarquista e o agradecimento a Deus.

A relação que Jorge Amado tinha com o Candomblé se dava em outro plano, não exatamente com caráter religioso. Não havia nenhuma devoção religiosa no seu comportamento. Mas, como ele mesmo dizia, "meu materialismo não me limita", citando frase dita pelo personagem Pedro Archanjo, de *Tenda dos Milagres*. Apoiar e participar do Candomblé e de suas manifestações foi, para ele, uma questão de solidariedade ao povo baiano, aos pretos, aos pobres, aos excluídos e, também, de edificação e consolidação de uma identidade baiana – e por extensão brasileira.

Ele contava que fez amizade, ainda adolescente, com o pai-de-santo Procópio, perseguido e torturado pela polícia naqueles idos tempos da Bahia, primeira metade do século XX. Tio Jorge empenhou-se em tirá-lo da cadeia algumas tantas vezes e como recompensa ganhou de Procópio um título de Candomblé. Tornou-se Ogan de Oxóssi – uma espécie de sacerdote dentro de uma casa de Candomblé. E a partir daí sua solidariedade e participação nos diversos candomblés da Bahia fez com que ele recebesse outros títulos. Um dos principais foi o de Obá da Bahia, honraria destinada a apenas doze pessoas no Estado.

O terreiro que ele frequentava era o Ilê Axé Opó Afonjá, ou casa de Afonjá, que é o Orixá Xangô, a entidade que governa a justiça, os raios e o fogo. Esse terreiro foi fundado pela mãe Aninha, uma personagem muito importante e querida na Bahia que morreu na década de 1930 provocando uma comoção popular no seu enterro. Tio Jorge a qualificava como uma "mulher extraordinária". O seu terreiro foi tombado pelo IPHAN e é um dos mais importantes da religião.

Mãe Aninha teve sucessoras ao longo de todos esses anos com as quais tio Jorge se relacionava como uma eminência e obedecia convictamente às demandas e rituais do lugar. Dizia ele: "Quando entro no Axé Opô Afonjá, com meus colares, faço tudo o que tenho que fazer e faço exatamente tudo com o maior prazer. Eu não poderia ter a pretensão de ser um romancista da Bahia se não conhecesse realmente por dentro, como eu conheço, os Candomblés." Essa cumplicidade com a religião edificou uma fama imprecisa de que ele era um homem devoto, de fé, e, por outro lado, motivou-o a propor a emenda constitucional da liberdade religiosa durante seu mandato como deputado federal. Na verdade, a sua ligação com o Candomblé era motivada por sua luta contra o racismo e não por motivos religiosos.

E sobre esse assunto, surpreendentemente, ele atribuía à Umbanda a verdadeira religião brasileira. A Umbanda não é baiana – ela se formou no início do século XX no sudeste do Brasil, unindo elementos do Candomblé, do Catolicismo, do Kardecismo e até de cultos indígenas, e por isso representa de fato o verdadeiro sincretismo religioso brasileiro. Jorge Amado não entendia nada de Umbanda. Mas sabia que essa era a verdadeira religião do Brasil, a religião "do futuro", segundo ele. Não tão futuro assim: a Umbanda, hoje, está imiscuída em quase todas as atividades religiosas do país, em menor ou maior grau.

Tio Jorge foi o responsável pelo envolvimento no Candomblé, e na Bahia, de um artista brilhante e eterno: o fotógrafo Pierre Verger. Depois de ler "*Jubiabá*", Verger, que era francês e rodava o mundo fazendo imagens e estudos de caráter antropológico (principalmente relacionados com a influência da cultura africana), ficou entusiasmado pela Bahia e veio fazer uma visita. Apaixonou-se. E nunca mais saiu de Salvador, tornando-se um grande amigo de tio Jorge.

Pierre Verger construiu uma importante obra fotográfica em Salvador e é considerado um dos maiores fotógrafos de todos os tempos – um precursor do trabalho de outra celebridade da fotografia, o brasileiro Sebastião Salgado. Sua presença em Salvador permanece por meio da Fundação Pierre Verger. E seu envolvimento com o Candomblé também lhe valeu títulos de honra. História semelhante ocorreu com o sociólogo francês Roger Bastide que veio ao Brasil como um dos fundadores da Universidade de São Paulo e também se tornou uma celebridade do Candomblé.

Entre os estrangeiros que adotaram a Bahia como residência, pátria e moradia, encontrava-se outro artista conhecido na região e também muito amigo de tio Jorge: o alemão Karl Hansen. Era um sujeito memorável. Em primeiro lugar, porque ninguém o conhecia pelo nome de batismo. Ele sempre foi Hansen Bahia, incorporando ao nome a paixão que tinha pela terra onde viveu a maior parte do tempo. Em segundo lugar, porque era um sujeito completamente desprovido de ambições materiais. Trabalhava com madeira, talhando para produzir gravuras que fizeram sua fama. Mas nunca por dinheiro. Lembro certa vez em que fomos visitá-lo numa praia que, na época, era distante, mas que hoje foi completamente incorporada à cidade. Era uma praia remota, sem ocupação, com uma beleza selvagem inesquecível. Hansen Bahia estava acampado lá. Ele saiu da barraca acompanhado por uma moça para nos receber e pareceu bastante constrangido, o que nos fez rir a todos. Os adultos (meu pai, tio Jorge, etc) ficaram conversando com ele enquanto os mais jovens ficaram de conversa com a moça. Ela era muito bonita e muito, mas muito mais jovem que o companheiro. Tinha olhos verdes surpreendentes, pele muito branca e falava português com sotaque bem carregado. Era muito doce e gentil, sorria o tempo todo e nos conduziu para um passeio por uma trilha das redondezas, sob coqueiros e algazarra de maritacas e tucanos. Foi divertido. Depois, quando voltamos, reparei no ar de felicidade do artista alemão atacando sem pudor uma pinha suculenta cujo caldo lhe escorria pelos cantos da boca, acompanhado de tio Jorge e meu pai, ambos glutões inveterados.

Mas o grande amigo de tio Jorge foi Carybé, o artista plástico genial que nasceu na Argentina e veio morar na Bahia também atraído pelo livro "*Jubiabá*". Tio Jorge dizia que ele era o argentino mais baiano do mundo. Carybé eternizou as figuras do culto do Candomblé e dos personagens da Bahia em geral e com esses motivos transformou-se num artista internacional. Era um cara engraçado. Não perdia a chance de fazer uma piada e gostava de fazer aventuras como um adolescente, as quais compartilhava com tio Jorge.

Uma dessas aventuras adolescentes consolidou-se no acervo da memória familiar e provavelmente inspirou o romance "*O Sumiço da Santa*", publicado em 1988.

Carybé e Tio Jorge, juntamente com um velho amigo, Mirabeau Sampaio, formaram uma espécie de gangue especializada em subtrair imagens de santos das igrejas do nordeste. Não era por mal. Reconheciam a grandiosidade dessa arte popular, relegada, em descaso, aos cantos escuros das paróquias, em péssimo estado de conservação e atenção. Por isso, chamavam de "expedições punitivas" a prática de usurpar, sem remorsos, as preciosidades artísticas religiosas.

Certa vez, pegaram emprestado um velho jipe do artista plástico Mário Cravo e percorreram algumas estradas incertas ao longo do rio São Francisco, entre Sergipe e Alagoas, à procura dessas peças. Quando encontravam alguma, montavam uma estratégia para confiscá-la, que podia ser por meio da lábia argentina de Carybé, ou em ações meliantes que, às vezes, faziam os três disparar em fuga, no velho jipe, pelas estradas do sertão, ameaçados de algum linchamento popular ou de uma estada forçada no xilindró. Foi uma expedição bem sucedida e produtiva: as imagens de santos foram recuperadas e restauradas com todo o merecido talento e incorporadas nas coleções do próprio Carybé, ou de Mirabeau Sampaio e de tantos outros que lhe atribuíam o valor merecido.

Assim era a vida dele na Bahia: plena de atividades, cercado de amigos, assediado por celebridades, admirado e amado pelas ruas, adotado pela alta sociedade baiana, um verdadeiro rei. Para qualquer problema ou situação difícil a solução estava ali, no telefone: bastava uma ligação para a pessoa certa e tudo estava resolvido. Com 17 anos eu inventei de fazer uma viagem pelo nordeste brasileiro junto com uma namoradinha, sem muito destino ou prazo. Circulamos por todos os Estados do nordeste, ficando em casa de conhecidos ou hotéis de baixo orçamento e viajando principalmente de carona. Até que a rota nos levou a Salvador, onde eu tinha um porto seguro – e, claro, fui direto para a casa de tio Jorge. O detalhe complicador, bastante complicador, é que estávamos na sexta-feira de carnaval e Salvador era uma festa só, com muitos turistas e o povo todo na rua. Tio Jorge ficou meio constrangido de nos hospedar na casa dele, um casal de jovens, não deveríamos misturar as coisas. Particularmente, ele estava orgulhoso do sobrinho já ser tão independente e tão bem sucedido com as moças. E por isso mesmo foi atrás de uma solução. Por ser Carnaval, não havia opções: os hotéis estavam lotados e solicitar qualquer quarto, modesto ou luxuoso, fazia arrancar gargalhadas dos gerentes. Menos para tio Jorge. Imediatamente, ele pegou o telefone, fez uma rápida ligação e, pouco depois, Aurélio nos levou a um simpático hotelzinho bem no centro de Salvador – local privilegiadíssimo para turistas – onde ficamos por mais de uma semana, sem no preocupar com a conta, claro.

Capítulo 16

Prosperidade

A mudança para Salvador e toda a transformação pela qual tio Jorge passou, promoveu, sem dúvida, um período de muita prosperidade e conforto na sua vida. A essas alturas, ele repetia sempre que "tudo que queria era escrever e viajar". E de fato esses sempre foram duas atividades intensamente associadas à vida do tio sob meu olhar a partir dos anos 60.

Mas escrever não era tão simples assim. Ele sempre alegou que escrever romances não era apenas estar batendo loucamente a máquina de escrever, produzindo textos com centenas de páginas. Essa era a parte "fácil" do ofício, como ele definia – e, de fato, algumas obras ele escreveu em espaços de tempo muito curtos. "Isso é trabalho em que gasto quase sempre menos de um mês", disse-me ele, garantindo que escreveu 150 páginas de "*Mar Morto*" em apenas duas noites. Por outro lado, havia um longo tempo de gestação no qual, aparentemente, ele apenas estava entregue ao ócio.

A expressão "ócio criativo", não poderia ser mais adequada. Contava ele que o romance ia se avolumando aos poucos dentro dele, estimulado por uma frase ouvida na rua, uma cena qualquer, alguém que conhecia e que reforçava um personagem, uma palestra, uma conversa, uma notícia no jornal, uma simples observação do seu cenário. Contou-me, certa vez, como criou o personagem Sinhô Badaró, em *Terras do Sem-fim*. No livro, ele disputa a posse de terras férteis com seu grande adversário, o Coronel Horácio da Silveira, e acaba sendo derrotado. Mas o personagem surgiu na sua mente numa certa tarde monótona em Estância, cidade de Sergipe onde estava provisoriamente morando, quando "jogava conversa fora" numa papelaria, com um certo Capitão da comunidade local, que mencionou um conhecido com esse nome – e a descrição complementou o personagem que estava ainda em gestação naquele momento.

Também a gestação de *"Dona Flor e Seus Dois Maridos"* é curiosa. A história veio de uma mulher, já madura, que ele mal conhecia. Contou ela que na juventude tinha sido casada com um boêmio, jogador, vagabundo e extremamente simpático. Mas morreu subitamente e a mulher casou-se de novo, desta vez com um comerciante português, com quem vivia muito bem. Mas ela era espírita e começou a viver um drama terrível porque o primeiro marido começou a aparecer e voltar todas as noites querendo dormir com ela de qualquer jeito. Mas era uma mulher de bons princípios e não queria trair o marido.

Essa história, que lhe foi contada na década de 1930, ficou-lhe gravada na memória por mais de trinta anos. Já na década de 1960, andando pelas ruas de Salvador, passou por uma casa onde havia uma placa (que acabou na parede da casa do Rio Vermelho): "Escola Culinária. Sabor e Arte" e, na janela, uma mulata muito bonita. A história da mulher espírita e da professora de culinária juntaram-se em sua mente e dela surgiu Dona Flor.

Apesar de todo esse processo de incubação, tio Jorge dizia que tinha apenas a estrutura inicial do romance e, o mais importante, personagens. Mas não sabia como se desenrolaria a história e não tinha controle sobre ela. "Sei o que quero contar, mas nunca sei o que vai acontecer". E depois de escrever o desfecho da história de Dona Flor, no qual ela acaba ficando com os dois, ele comentou, com ar de deboche: "Dona Flor é uma desavergonhada, não esperava isso desta senhora que eu acreditava direita e honesta..."

Esse foi o segundo livro que ele produziu na casa do Rio Vermelho – antes havia escrito *"Pastores da Noite"*. Mas apesar da boa produtividade, tio Jorge sempre teve que lidar com um problema que parecia insolúvel: a falta de tranquilidade para escrever. Desde seus primeiros momentos de escritor, esse era um problema que exigia soluções cada vez mais radicais.

A paz que ele esperava encontrar na Casa do Rio Vermelho, não aconteceu. A certa altura, o terreno contíguo à casa foi posto à venda e houve o interesse de uma empreiteira, que tinha o objetivo de fazer uma espécie de condomínio. O Rio Vermelho estava mais desenvolvido e atraía a atenção dos especuladores. Horrorizado com a perspectiva de ter vizinhos barulhentos, tio Jorge resolveu comprar o terreno e lá construiu uma piscina e um escritório que deveria ser o seu canto para escrever. Certa vez, fiquei hospedado num desses quartos da "casa nova" e todos os dias visitava a sala do escritor. Era de uma simplicidade comovente. Uma mesa, uma máquina de escrever, uma poltrona, uma pequena estante com livros... e mais nada. No entanto, só o vi trabalhando naquele local uma ou duas vezes.

Mais tarde, ainda incomodado com a falta de sossego para escrever, ele construiu uma edícula no fundo do jardim, um lugar remoto, logo batizado de "quiosque", onde criou condições ideias para trabalhar. Ar condicionado, quarto com cama de casal para eventualmente dormir com tia Zélia, um local escondido pela exuberante mata do jardim.

No entanto, parecia perfeito demais para um escritor tão pé no chão, que gostava de uma rede, de respirar ar puro, de ter esse contato orgânico com a vida. Era um tanto luxuoso para a simplicidade de tio Jorge. De todo jeito, ele tentou usar o lugar como escritório e houve uma época em que de fato ele sumia para aqueles cantos. "Onde é que está tio Jorge?". "Está no quiosque". "Telefone para o Jorge!", "Ele está no quiosque!" Essa acabou sendo, durante algum tempo, uma senha que queria dizer "não perturbe".

Certa vez eu estava no jardim, caminhando e tomando um suco de mangaba distraidamente. Teoricamente, tio Jorge deveria estar no quiosque. Mas estava ali, perdido no meio do jardim, olhando para algum ponto fixo. Eu não quis incomodar, mas ele, sem tirar os olhos do ponto fixo, acenou com a mão para eu me aproximar, e colocou o dedo sobre os lábios para eu não fazer barulho. Quando cheguei bem perto dele, vi a cena: um sapo engolindo um inseto, uma espécie de louva deus ou algo parecido. Era um bicho talvez grande demais para o pequeno anfíbio e ele estava completamente imóvel tendo na boca o inseto, que se debatia freneticamente. Ficamos os dois vendo a cena, imóveis também. Até que uma hora ele falou: "para o sapo, esse inseto é como um prato de xinxim de galinha", e saiu em direção ao quiosque sem olhar para trás. Esse episódio me marcou porque àquelas alturas eu ainda não sabia o que era xinxim de galinha. Na minha santa ignorância de menino paulistano, entendi que se tratava de "xixi" de galinha e não entendi a relação entre a refeição do sapo e a urina do galináceo.

Xinxim é o nome popular de uma comida típica baiana, uma espécie de guisado, com o qual se prepara não só galinha, mas outras carnes também. Em qualquer variação, a base da receita é o camarão defumado e o azeite de dendê, componentes típicos da culinária baiana e bastante saborosos. E trata-se de um prato presente em vários rituais da cultura afro-brasileira, mais especificamente, do Candomblé, com o qual se faz homenagens aos Orixás.

Mas naquele momento eu não sabia nada disso e tentei acabar com minhas dúvidas perguntando a Lalu porque tio Jorge havia dito "xixi" de galinha. Lalu não entendeu a dúvida, e respondeu, sem dar muita bola, que esse era um prato "muito bom", que os "cabras" gostavam muito. Que eles "comiam assim, com a mão, misturado com farinha". Aquilo de certa forma me apaziguou porque xixi de galinha puro devia ser muito ruim, mas misturado com farinha atenuava um pouco a "gastura" que o prato provocava.

Coincidentemente, alguns dias depois, num almoço entre amigos do meu tio, eu vim a provar (e me deliciar) com um legítimo "xixi" de galinha. O acontecimento foi promovido por Norma e Mirabeau Sampaio, um dos melhores, mais próximos, amigos de tio Jorge. Mirabeau era um artista plástico muito respeitado na Bahia, até por ser também médico, e tinha sido colega de classe de Jorge Amado desde os tempos do internato. Era um sujeito debochado, muito engraçado, excêntrico e ao mesmo tempo um artista sofisticado. Frequentemente aparecia usando umas cartolas espalhafatosas, como se assim se divertisse às custas da surpresa dos outros. Manteve um longo casamento com Norma, uma mulher de muita personalidade, um tanto desbocada, mas carinhosa e atenciosa. Era uma grande cozinheira, fiquei sabendo, inspiradora de algumas receitas reproduzidas nos livros do meu tio, ela mesma uma personagem importante de Dona Flor. Foi na casa do casal que aconteceu esse laudo almoço que, não bastasse ser delicioso, me foi deveras instrutivo.

A começar pelo caminho de ida, quando nos abarrotamos no velho Peugeot de tia Zélia. Não lembro exatamente quem estava no carro, mas estávamos todos muito apertados e o percurso era muito longo. Para animar um pouco a jornada, alguém começou a cantar alguma música bem popular que logo foi emendada por outra. Até que tio Jorge interveio para contribuir com o programa musical. E nos ensinou a música do Zequinha, que cantamos todos juntos a viagem toda quando conseguíamos parar de rir.

Eis a letra, muito edificante: Zequinha, ocê foi ingrato/ Me arrastô pro mato/me adeflorô/Hoje sô muié da vida/

Cas teta caída que ocê chupô/ Um dia vô cortá seu saco pra tapá o buraco logo de uma vez/ Mas o que me comove é o sessenta e nove que a gente fez.

E na volta, ele ensinou outra: Eu não vou à sua casa/ porque você não vem na minha/ você tem taioba grande/ engole minha sardinha

Mas esse evento também teve momento sérios. Num deles, conversavam todos sobre literatura e João Ubaldo se referiu a um autor iniciante, que estava fazendo um certo sucesso, com muitas reservas porque "não conseguia entender nada do que ele escrevia". O autor exagerava nas colagens, nos efeitos literários, nas aliterações e imagens subjetivas de tal modo que se tornava extremamente obscuro. Tio Jorge concordava com as críticas de João Ubaldo, reclamando das "pirotecnias" produzidas pela literatura contemporânea (anos 1980) e disse essa frase que permaneceu na minha memória: "o filme é uma droga, mas o cineasta é genial". Essa sempre foi a concepção literária de Jorge Amado: a narrativa deve servir à necessidade da trama do romance e não ser um fim nela própria. Escritores muito inventivos, que ousam buscar novas linguagens e construções narrativas estão destinados a fracassar como romancistas. Naquela época eu já concordava com ele. Hoje, mais ainda. Quem era o escritor criticado? Isso eu não conto.

Curiosamente, nessa mesma conversa, ele fez uma autocrítica a respeito de sua postura como autor. Disse ele que, muitas vezes, no ardor de sua juventude plena de ideologias, colocava nos personagens frases e ideias que pertenciam, de fato, ao autor. Ele usava os personagens para transmitir suas ideias. Só mais tarde, segundo ele mesmo, é que entendeu esse processo e fez as correções necessárias, numa fase literária em que também passou a adotar o humor. Era interessante como, no meio das brincadeiras e safadezas, destacavam-se algumas mensagens mais sérias e importantes, principalmente para mim, pelo menos, que já não era tão criança naquele tempo.

Foi também nessa ocasião que eu testemunhei tio Jorge falando sobre o socialismo, ideologia que os críticos de esquerda diziam que ele tinha abandonado para adotar uma carreira mais bem sucedida comercialmente. Isso nunca foi verdade, eu sabia. Mas ouvi ele falando: "o socialismo é o futuro da humanidade, não tenho a menor dúvida. Mas o socialismo tem que ter democracia e liberdade".

Além dessas lições variadas, o almoço na casa de Mirabeau e Norma desvendou definitivamente o mistério do "xixi" de galinha, que até então permanecia como um segredo na mais profunda das minhas dúvidas. Minha prima, divertindo-se a mais não poder, é que me explicou a diferença entre o produto fisiológico da galinha e esse prato típico do ritual religioso baiano – e até hoje agradeço a ela por não divulgar essa minha hesitação intelectual. Afinal, como é que eu pude em sã consciência em algum momento imaginar que existiria um prato da culinária baiana feito com a urina de galinha?

Nessa época, lembro muito bem, por volta de Outubro, surgia uma tensão no ar relacionada com a divulgação do escritor premiado com o Nobel. Tio Jorge sempre era tido como um candidato, indicado por instituições literárias e culturais dentro e fora do Brasil. Era uma torcida muda. Nós, da família de São Paulo, acreditávamos que a qualquer momento ele poderia ser o escolhido e que certamente iríamos todos a Suécia receber a honraria. E a cada ano era um anticlímax. Foram muitos anos com essa expectativa, desde o começo da década de 1970. Um ano, no entanto, foi especial: 1988. Corria rumores de que desta vez não passaria, que era uma barbada apostar que Jorge Amado seria consagrado ao Prêmio Nobel daquele ano. Nós realmente contávamos com isso. A imprensa brasileira também –publicou-se muitas matérias antecipando o momento glorioso e o fato de o Brasil nunca ter tido um premiado com o Nobel.

Eu não era criança nessa época – ao contrário, tinha mais de 30 anos e foi nesse ano que nasceu o meu primeiro filho. Considerava que seria perfeitamente justo que tio Jorge ganhasse o Nobel, mas não concordava que fosse o momento certo. Isso teria que acontecer anos antes, na década de 1970 com mais justiça. Naquele momento, outros escritores tinham mais peso que ele na literatura contemporânea – era o que eu pensava.

Mas qual não foi minha surpresa (minha e de todos da família) quando anunciaram que o ganhador do Nobel de 1988 foi o escritor egípcio Naguib Mahfouz. Quem é esse cara? Como assim escolhem ele em detrimento do tio Jorge? A Academia Sueca não tinha noção do que escolhiam...

A verdade é que Mahfouz foi um grande escritor, um nobre representante da literatura árabe e, sem dúvida, merecedor de qualquer prêmio que existisse, inclusive o Nobel. Mas, naquele momento, a nossa reação foi de aborrecimento e descrédito e "desistíamos" definitivamente de ganhar o prêmio – como se ele fosse uma honraria destinada à família e não apenas ao escritor. E já falávamos que a Academia Sueca perdeu uma grande oportunidade de ser tornar mais prestigiosa ao negar o prêmio ao nosso Amado. Havia também uma explicação consistente: Jorge Amado nunca ganharia o Nobel por conta de sua militância a favor dos comunistas e seu nome era vetado por um dos membros da Academia Sueca – alguém que não ia com a cara dele. Mas foi uma explicação que ocorreu dentro da família e de seu ambiente social, nunca de fato tornada pública.

Tio Jorge foi sempre comedido ao abordar esse assunto e assumia uma humildade exagerada, na minha opinião. Dizia que não era merecedor do prêmio, muito embora já tivesse ganhado praticamente todos os prêmios literários mais importantes do mundo. Nos momentos mais íntimos, no entanto, eu sentia um certo amargor da parte dele por não ter sido escolhido. Esse era o prêmio que ele queria de fato ganhar e trocaria todos os que acumulou ao longo da vida pelo Nobel. Não só pelo dinheiro, pelo prestígio ou pela fama. Mas principalmente porque ele e todos nós da família e também muitos leitores e críticos, acreditávamos que o escritor Jorge Amado mais do que ninguém o merecia.

Porém, na sua humildade pública, em vez de reivindicar o Nobel, ele "militou" a favor de outros escritores, ainda que não fosse bem sucedido. Defendeu a candidatura do português Ferreira de Castro, seu grande amigo, a quem admirava enormemente. Assim como também apoiou a nomeação de outro português, Miguel Torga, e dos brasileiros Carlos Drummond de Andrade e Gilberto Freyre.

Essa humildade não se manifestava apenas em relação ao prêmio Nobel. Eu sempre achei que ele tinha muita dificuldade de se mostrar ao público, principalmente quando se tratava de entrevistas à imprensa eletrônica. Era também, a meu ver, uma consequência dessa humildade, utilizando um discurso de modéstia. "Sou apenas um contador de histórias", dizia ele, como se assim pudesse retirar dos ombros o peso de ser um grande escritor. "Não nasci para ser famoso".

Apesar do que ele dizia, eu achava justamente o contrário. Tio Jorge nasceu para ser famoso. Foi famoso quase 90% da sua vida e sabia lidar com isso, com o reconhecimento popular, com o assédio público, com o afeto reservado às celebridades. Era extremamente carismático para não ser famoso. O problema dele sempre foi lidar com a imprensa – não porque não gostasse, mas sim por não ser sua praia. Muitas vezes aparecia de óculos escuros para dar entrevista e balbuciava frases feitas por ele mesmo, repetidas, sem nenhum brilho – ao contrário do que ele era pessoalmente. Eu me irritava por ele não se manifestar com aquela graça e sabedoria com que se mostrava na intimidade.

Também me surpreendia a falta de habilidade que tinha para todas as tarefas e atividades rotineiras, típicas de qualquer ser humano. Os três irmãos eram assim: ele, meu pai e tio James. Não sabiam fazer nada além de suas atividades profissionais. Não sabiam nadar, não sabiam correr, não sabiam praticar nenhum esporte ou atividade física, não sabiam dançar, não sabiam cozinhar, não sabiam lavar louça ou fazer a cama, não sabiam fazer compras ou mesmo postar uma carta no correio. Meu pai e meu tio James ainda sabiam dirigir (mais ou menos). Tio Jorge nem isso, nunca conduziu um veículo. Eram todos dependentes de suas respectivas mulheres. Talvez essa fosse uma característica baiana do passado que se manifestava nos três de maneira especialmente enfática. Talvez por causa de Lalu, que sempre os mimou exageradamente. Talvez seja apenas uma característica dos homens da família Amado.

Capítulo 17

Vô João e Lalu

A década de 1970 produziu muitos fatos e contradições na vida de todos, especialmente da minha família e de tio Jorge. Foram momentos difíceis devido à ditadura, à repressão, à censura e à violência do governo militar. Mas também foram anos muito criativos e aqueles que viviam e respiravam os ares da cultura e das artes puderam usufruir de manifestações históricas, perpétuas. Em 1970, tio Jorge tinha 58 anos e estava no auge intelectual – e sua carreira também. Tínhamos a sensação de que para ele tudo era possível, inclusive enfrentar o poder repressor sem represálias ou efeitos secundários. Ele estava de bem de vida, produzia livros, viajava constantemente e dava atenção a todos da família, sempre com muito espírito familiar.

Foi uma década em que fui muito a Salvador e passei por momentos memoráveis, alguns deles já contados anteriormente nesse livro. Eu já era adolescente e comecei a ter uma outra perspectiva em relação à família baiana e, mais especificamente, a tio Jorge. Era um sentimento ambíguo. Por um lado, havia uma confortável sensação de estar integrado à família, de ter uma identidade muito forte com aqueles baianos, de viver a vida deles, vida divertida, espirituosa, cheio de acontecimentos, calor, chuva, praia, mar, acarajé na praça, meninas lindas para namorar, Candomblé, carnaval, muitos amigos, vida em grupo, alegria. Ir para Salvador era como voltar às nossas verdadeiras raízes familiares e usufruir da sensação de pertencimento, porque afinal, ainda que naquele momento não fosse consciente, aquela era a nossa verdadeira família da qual, por vários motivos, nos dispersamos (sem querer desmerecer a família da minha mãe em São Paulo). Estávamos longe do nosso líder familiar, tio Jorge, um líder generoso, inventivo, carismático e muito Amado.

O sentimento ambíguo surgia quando voltávamos para São Paulo, às vezes depois de longas estadias em Salvador. E seguíamos nossas vidas como verdadeiros paulistanos, perfeitamente adaptados à cidade, à sua dinâmica e aos nossos ambientes sociais e familiares. Então, em São Paulo, sobrevinha uma sensação de exclusão da família Amado, de temer não pertencer a ela, embora meu pai e tio Jorge permanecessem quase diariamente em contato telefônico. Mas era uma sensação eventual, uma espécie de orfandade temporária, reforçada pela morte de Lalu em 1972.

Mas também foi nessa década que fui pela primeira vez a Ilhéus, o verdadeiro berço do meu pai e meus tios. Finalmente eu tomava contato direto com o cenário tantas vezes descritos pelos Amado, cada um à sua maneira, principalmente meu pai, tio Jorge e Lalu. Lá encontrei uma sintonia mais espiritual do que real – de alguma maneira inexplicável parecia que eu conhecia a cidade como se eu a tivesse visitado muitas vezes anteriormente. Foi divertido identificar os cenários dos livros do meu tio, mas muito mais intenso foi reconhecer detalhes íntimos da infância deles. As ondas daquele mar, por exemplo. Lalu, bem cedo pela manhã, pegava os dois meninos (meu pai e tio Jorge), um embaixo de cada braço, e entrava no mar, forçando que as ondas se chocassem contra o peito deles para lhes dar resistência aos males respiratórios. As ruas eram tomadas por charretes, cavalos e outros animais, que enchiam o caminho de bosta e raramente se viam carros. Eles empinavam pipas, chupavam manga das mangueiras das ruas e olhavam monotonamente o vai e vem das putas que circulavam livres pelas áreas contíguas ao porto. Já estavam habituados com a cena. Meu pai, muito mais jovem, seguia as ordens do irmão Jorge, fazendo sapequices com os personagens da cidade, principalmente os árabes. Sim, árabes em Ilhéus, ou turcos como eles chamavam. Lá, eles não conheciam japoneses ou italianos que migraram oficialmente para o Brasil. Os árabes foram os que vieram, interessados nos bons negócios promovidos pela exportação de cacau e, segundo o que dizia tio Jorge entre gargalhadas, pela generosidade dos traseiros empinados das baianas. A vida era simplificada, lenta, escassa e prodigiosa. Os filhos de Lalu eram meninos inteligentes, perspicazes, observadores, justos. Era uma família do bem.

Coronel João tinha sido um batalhador e do nada fez sua vida dedicando-se às lidas da fazenda, disputando terras, convivendo com jagunços. Lalu odiava os jagunços: eram os emissários das mortes, das tragédias surpreendentes, os assassinos que tentaram matar seu marido por três vezes. Por isso, ela dormia com uma carabina embaixo do travesseiro e seria capaz de usá-la se assim fosse necessário. Certo dia, sozinha com o filho na fazenda, ouviu barulho de cavalos se aproximando pela mata. Estranhou: naquelas bandas não era de receber visita se o seu marido não estivesse em casa e o coronel João tinha saído com seus próprios jagunços para uma jornada pelos limites das fazendas onde, sabiam, ocorriam invasões e disputas com outros fazendeiros. Lalu, não teve dúvida: buscou a carabina e se pôs na varanda à espera dos intrusos. Era uma mulher franzina e baixa, com uma carinha angelical, mas capaz de fazer uma careta zangada que não deixava dúvidas a respeito de sua firmeza. Mal conseguia sustentar a pesada carabina. De repente, surgem os "homi", como ela dizia. Um "moço feio pra diabo", mulato com uma *barbona* negra e uma cicatriz no rosto, cavalgando um cavalo branco. Atrás dele, sobre burros e cavalos, muitos outros, tão feios quanto o primeiro. Eram tantos que mal cabiam na pequena clareira aberta em frente à casa da fazenda. "O que vocês vieram fazer aqui? Vão tudo embora, seus *filhadaputa*!", gritou Lalu, empunhando a carabina. "Calma, minha senhora, nós *viemo* conversar com o *coroné* João", disse o primeiro dos homens. "*Conversá* a puta que te pariu, seu assassino covarde! Tem *coroné* João aqui não! Vai embora seu *xibungo*, filho duma égua". Todos aqueles homens, armados, acostumados a vencer as discussões a bala, não tiveram dúvida do que seria capaz aquela pequena criatura com uma carabina nos braços. E pra completar o respeito, Lalu ainda mandou um balaço pro alto, lançando um olhar incisivo no qual podia se deduzir que o próximo tiro teria destino mais preciso. Os homens recuaram. A um sinal do primeiro, foram todos se retirando, somente o chefe permaneceu. "A senhora me *arrespeite* assim como *arrespeito* a senhora. Eu vou embora, mas eu *vorto*", disse o homem. "Não *arrespeito* filhote de cão vadio, que não presta. Aqui não é teu lugar, seu desgraçado. Se é pra ter sangue aqui, vai ser o teu". O homem ficou quieto, olhando firme pra Lalu, ciscando o cavalo em frente à casa. Poder-se-ia dizer que ele em algum momento daria o troco, enfrentaria a ameaça, poria no lugar aquela mulherzinha metida. Mas não. Calado ficou, calado foi-se. Sumiu pelas matas com seus cabras, enquanto Lalu permanecia na varanda por mais dez minutos, carabina nos braços, para ter certeza de que os assassinos tinham ido mesmo embora. Depois encostou a arma e foi cuidar do menino, que já tinha olhos de fome. Esse menino era Jorge Amado.

Foi naquela fazenda que ele nasceu. Fazenda Auricídia, um nome inspirador, que quer dizer "sede de ouro", uma justa homenagem às ambições do Coronel João Amado de Faria, que havia deixado as terras remotas de Estância, em Sergipe, para vir atrás da prosperidade do cacau, o fruto de ouro, riqueza na certa, mais garantida que qualquer metal raro. Os Amados eram originalmente caçadores de ouro: estiveram estabelecidos, por séculos, na cidade de Jequié, um entreposto comercial de passagem obrigatória para aqueles que queriam chegar ao porto de Salvador. Aquela região, da Chapada Diamantina, tinha ouro em abundância e dele viveram os exploradores mais corajosos que se aventuravam a se embrenhar naqueles rincões de topografia irregular e perigosa. Os Amado, uma família numerosa, acabaram sendo expulsos de lá por desavenças locais, quando o ouro já estava minguando. Em terras em crise sempre há brigas. Circularam pelo sertão da Bahia à procura de paradeiro, de ouro, de terras férteis, de comércio para mascatear – o que existisse para garantir o provento e a prosperidade. Mas eram tempos difíceis naquele sertão, embora houvesse atividades comerciais estimuladas pelo porto de Salvador e pela aura remanescente da ex-capital do Brasil.

Estrategicamente, a família dos meus antepassados resolveu se estabelecer no pequeno vilarejo de Estância, na verdade uma antiga fazenda, que se desenvolveu até virar cidade em meados do século XIX. A fazenda era uma antiga criação de gado, mas prosperou por estar localizada ao sul de Aracaju, numa posição geográfica favorável à passagem do comércio que vinha lá do Nordeste e de outros cantos em direção ao porto de Salvador. Não era nada vultuoso, mas oferecer serviços para aquela gente que chegava de jegue, transportando mercadorias as mais diversas, de mandioca a pepitas de ouro era suficientemente rentável. O jovem João, que veio a ser meu avô, não se contentava com pouco. Aquele lugar não oferecia perspectivas interessantes e os rumores sobre as riquezas do cacau surgiam de todos os cantos. Eram notícias tentadoras. Nas terras férteis do sul da Bahia, o fruto se proliferava e chamava a atenção do comércio exterior.

Não era à toa que tinha o apelido de fruto de ouro. Os astecas acreditavam que o cacau era uma obra dos deuses, com poderes especiais. Os índios brasileiros também davam valor ao cacau, mais especificamente às suas sementes, das quais é extraída a matéria prima do chocolate. Há registros de que algumas etnias indígenas usavam a semente de cacau como moeda, o que se estendeu para os colonizadores – um bom escravo poderia custar até 100 sementes de cacau.

Muito antes de ser matéria prima para o chocolate, o cacau era utilizado para produzir uma bebida primitiva, energizante, de gosto amargo e até picante, preparada como o café e, muitas vezes, misturada a ele. Mas no século XIX, o chocolate já era conhecido dos Europeus e muitas pequenas fábricas estavam ansiosas em adquirir quantidades cada vez maiores da semente de cacau. O Brasil não consumia o fruto e desde sempre foi um exportador. Com o aumento de interesse dos europeus e a constatação de que o sul da Bahia reunia as condições de clima, regime de chuvas, tipo de terra e vegetação ideal para o plantio, ocorreu uma verdadeira corrida a esse novo ouro.

E se cacau era ouro, interessava aos Amado. Mais especificamente ao jovem João Amado de Faria, que largou tudo em Estância para se aventurar nas "*Terras do Sem Fim*". João conquistou suas terras na luta corpo a corpo com seus concorrentes e na lavoura do cacau encontrou seu ambiente natural. Foi ferido três vezes pelos tais jagunços, mas tudo indica que numa delas a desavença envolvia um "rabo de saia", o que nunca foi exatamente esclarecido. Corria o boato de que a certa altura o coronel João deixou de aparecer em Ilhéus porque morria de medo do "vergalho do boi". Explicando: trata-se de uma espécie de chicote feito com o pênis do boi e usado para castigar os escravos. Vô João teria se envolvido com mulher alheia e recebido uma merecida sova de vergalho de boi – e não estava disposto a repetir a dose.

No decorrer dos anos, João virou coronel, dono de fazendas, próspero, um homem "de respeito". Mas não era arrogante, não fazia bravata, não queria saber de briga ou discussão. Sobre suas conquistas, lutas e sangue derramado pelo cacau, não contava nada. Nem uma palavra. Mas era conversador, risonho, simpático, bonachão. Gostava de ler, um hábito que naquela região e naqueles tempos era estranho demais. E também tinha algumas ideias de esquerda, defendia os necessitados, preocupava-se com a justiça social. Fez uma boa parceria com Lalu, prosperou com o cacau – o Brasil foi o maior exportador do fruto até 1920 (ano que meu pai nasceu).

Tio Jorge nasceu em 1912 na fazenda Auricídia, que estava dentro dos limites do município de Ferradas que naquela época deveria ser constituída por meia dúzia de casebres – e hoje, apesar de ainda existir, não é muito maior que isso. Enfim, ele nasceu no meio da plantação de cacau, perto de lugar nenhum, e durante muito tempo teve que dar explicações sobre o seu lugar de nascimento. Quando foi eleito para Academia Brasileira de Letras, fizeram uma pesquisa para apurar onde exatamente ele havia nascido. Ocorre que parte da fazenda Auricídia ficava no município de Pirangi, ou pelo menos foi isso que disse vô João quando a equipe da ABL o entrevistou. Não sei de onde ele tirou essa história, nem tio Jorge sabe. Mais uma ficção dos Amado? Há uma Pirangi no Estado de São Paulo, na região de Ribeirão Preto, aprazível cidadezinha com não mais de 10 mil habitantes. Pirangi, na Bahia, se alguma vez existiu, faz tempo não existe mais e talvez o coronel João só quis se divertir um pouco às custas dos outros. Não duvido. Mas o fato é que ele passou a ser oficialmente oriundo de Pirangi e a informação acabou sendo publicada na Enciclopédia Larousse, francesa, e de lá se estendeu para outras tantas publicações. Tio Jorge ria do fato, mas acabou ficando meio chateado com isso. Que história mais maluca!

O fato é que ele nasceu no meio do nada. Foi o primeiro filho de Lalu. Quando ela começou a sentir as dores do parto, disse ao marido: "ô João, eu to achando que vô botar pra fora essa criatura". João, que já era ansioso por natureza, assim como todos os homens da família Amado, "enlocou", como contava Lalu, "ficou doidjo", disse ela, com a pronúncia típica baiana. Subiu no primeiro animal que encontrou e foi buscar a parteira, uma senhora lá de Ferradas que era respeitada, mas, todos sabiam, gostava de uma cachaça. E encontrou-a assim, com os olhos vidrados, "chamando urubu de meu louro". Mas tinha que ser ela e João botou a velha na garupa e se mandou mata adentro. Foi daí então que ele se tocou que estava com um jegue velho, pequeno demais para carregar ele e a parideira de pileque. Mas foi assim mesmo. A senhora da cana caía do animal, "ora prum lado, ora pro outro" e João "tornava a por ela no assento". E foi nesse lenga-lenga que demoraram, mas chegaram na fazenda, onde Lalu, sozinha, não fazia nada além de rezar e chorar. Foi então que aconteceu um milagre: deu tudo certo e tio Jorge nasceu são e forte. Com um detalhe importante: estava "empelicado". Isso quer dizer que o bebê nasceu, foi "posto pra fora", dentro da bolsa, não houve rompimento. Ele ficou flutuando no líquido amniótico como se continuasse a gravidez externamente. São raríssimos esse tipo de nascimento, algo como 1 a cada 100 mil, e diz a tradição que é um sinal de muita boa sorte, de sucesso na vida. Os fatos comprovaram a tradição.

Mas os primeiros anos foram difíceis. Ele nasceu em 1912 e cerca de dois anos depois, em 1914, o rio Cachoeira, que serve a região, teve uma cheia fora do padrão. Alagou todas as fazendas da região, incluindo a Auricídia. E o casal com o filho ainda muito pequeno teve que ir embora para Ilhéus.

Nada mais restava a fazer a João, agora não mais coronel. O jeito foi resgatar antigas vocações: o de fabricar tamanco. Sim, João, antes de ser fazendeiro, tinha aprendido o ofício de fazer tamancos. Catava madeira na mata, moldava com arte e talento, e entregava para Lalu, que costurava a tira de couro por cima. Fizeram isso por anos, tio Jorge crescendo moleque de rua, no meio dos marinheiros, dos fazendeiros, dos operários, dos marginais e das putas da cidade de Ilhéus. Naqueles tempos, não havia muito mulher "de família" na região. As poucas, logo casavam, ainda meninas, já prometidas. Era comum os homens da região encomendar noivas que vinham de outros lugares, ou roubarem índias como fez meu bisavô. Em compensação, o grande fluxo de navios que aportavam para pegar o cacau, trazia também as mulheres da vida, polacas, francesas, italianas, que, em grande número, davam conta das necessidades masculinas locais. Daí começa a profícua relação de tio Jorge com as prostitutas, com as quais conviveu durante toda a infância e adolescência e as perpetuou em seus livros. Não poderia ser mais carinhoso com elas, de quem dizia guardar lembranças as mais "fraternais, doces e puras".

Mas a tristeza se abateu logo no casal de tamanqueiros com seu filhote endiabrado. Lalu deu à luz a mais um filho, o Jofre, assim batizado em homenagem ao general francês Jofre, que enfrentou heroicamente os alemães durante a Primeira Guerra Mundial – um ídolo para os que apoiavam os aliados como vô João e Lalu. Mas a "febre" (a gripe espanhola) estava à solta na região, fazendo vítimas aos montes e Jofre foi uma delas: morreu com três anos de idade, para terrível tristeza e desconsolo do casal, especialmente Lalu. Assim, o nascimento do meu pai, o próximo da fila, foi recebido com alegria esfuziante, uma recompensa pela tristeza da perda anterior.

A família circulou entre Itabuna e Ilhéus durante alguns anos até que João voltou a ser coronel e adquiriu novas terras para cultivar cacau. Não conseguiu essa proeza fabricando tamanco. Há uma história não oficial que garante a honestidade do meu avô. Certo dia, Lalu acordou agitada dizendo ter tido um sonho revelador, no qual aparecia um bicho. "João, ande lá, jogue no tatu que a gente há de ganhar", gritou ela ainda da cama para o marido, que acordava antes de nascer o sol. "Desde quando você entende disse, mulé?". "Anda lá, João. Tô dizendo, isso é sinal de que Deus está nos acolhendo". João resolveu obedecer. Sem muita convicção, caminhou até a casa lotérica para jogar no tatu. Foi quando se deu conta que não existe tatu entre os bichos da loteria. "Minha mulher sonhou com tatu. Em que bicho eu jogo?", perguntou ele para o moço da casa lotérica. "Tem tatu não", respondeu o moço. "Tem urso, tem cabra, cachorro até cobra. Tatu tem não". "Tem urso? Pois então jogue no urso que é um bicho grande e eu nunca vi por aqui.". O número escolhido foi 91. E deu na cabeça!

Pode ter sido assim que João voltou a ser coronel, ou pode ser que ele tenha tomado posse de alguma terra esquecida ou até é possível que tenha espantado os ocupantes de Auricídia usando a carabina de Lalu. São especulações válidas. O fato é que ele voltou à lavoura do cacau, sua verdadeira vocação e paixão. Era ali, com os pés na terra, ou sobre um jegue, vendo o fruto de ouro florescer, que ele sentia a verdadeira força da vida que o impulsionava. E as conversas nos botequins, uma boa cachaça, a amizade com as putas, as histórias dos jagunços, a camaradagem... João voltou a ser coronel João.

A instabilidade econômica prejudicou em muito os negócios do cacau, principalmente o crack da bolsa de Nova York e o coronel João teve que se desfazer de boa parte de suas fazendas, restando-lhe um pedaço de terra relativamente modesto, mas suficiente para lhe dar algum conforto e a seus filhos. Mas a grande personagem da família foi, sem dúvida, a minha avó indiazinha. Todos diziam isso, os amigos, os familiares e os apenas conhecidos. Ela. também filha de desbravadores de terra, gente de fibra, batalhadora, de faca nos dentes e sangue nos olhos. E, claro, muita safadeza.

Pelo que Lalu contava, seu pai não prestava e ela nem o conheceu direito. Era José o nome dele, e vivia pelo sertão em busca do que tivesse valor. Um aventureiro oportunista, malandro, doutor do bom viver, apreciador da fartura e das mocinhas virginais. Certo dia, andando pelas matas com seus jagunços, sabe-se lá por qual motivo, se deparou com um grupo de índios acampados provisoriamente. Não eram muitos. José sabia que conseguiria alguma coisa de valor se assaltasse aquele grupo e não hesitou. Entrou no acampamento com a jagunçada dando tiro pra cima, gritando, criando pavor. Os índios se assustaram mesmo e saíram na correria, fugindo das bestas enfurecidas, enquanto José e seus capangas rolavam de rir com o sucesso da operação. Foi então que ouviram o choro de uma criança. De tanto procurar, acabaram achando uma pequerrucha com não mais de três anos de idade, bela indiazinha cheia de graça e choro, deixada para trás por alguma mãe assustada e inepta. José, ao contrário, não era de deixar nada para trás que pudesse ter algum valor e pegou para si a menina, a quem batizou de Emília. Minha bisavó, mãe de Lalu.

Como eu já disse, José não era flor que se cheire e "embuchou" a menina ainda cheirando a leite, com onze anos de idade. E até os 19 anos, José lhe fez nove filhos, três gestações de gêmeos. Desses, ficaram apenas seis e seriam muito mais se José não tivesse abandonado-a de vez, com todas as crianças, sumindo sertão afora – e nunca mais foi encontrado. A família atenuava a história, dizendo que o safado tinha morrido, mas a realidade era outra. José não era Amado, mas também nos deu o sangue que nos corre pelas veias.

Emília criou os filhos sozinha na região do Recôncavo Baiano, ganhando a vida com uma banca de frutas e verduras. Alguns dos seus filhos se dedicaram ao cacau. Emília viveu quase cem anos, uma índia sem paradeiro, pousando de casa em casa dos filhos, contando histórias que se perpetuaram no sul da Bahia.

Lalu, uma de suas filhas, era mulher dedicada ao marido e aos filhos, preguiçosa, mas valente, além de todas as outras qualidades já mencionadas. Se sujeitou a todas as dificuldades da roça do cacau, aguentando as ausências do marido, a solidão, os altos e baixos dos negócios e à convivência com os jagunços, a quem odiava profundamente.

Quando tio Jorge foi para o Rio de Janeiro, com o pretexto de cursar a faculdade de Direito (mas na verdade em busca da cidade onde tudo acontecia no país), Lalu não resistiu e passou a fazer campanha para mudarem também para o Rio. Não era exatamente fácil, mas acabaram conseguindo – foram morar no pequeno Hotel Ópera, situado no bairro da Glória, naquela época considerado o berço da aristocracia carioca, principalmente por causa das muitas embaixadas que se estabeleceram por lá, quando o Rio era a capital do país. Junto com eles, morava, em quarto próprio, meu pai, Joelson Amado, que fazia faculdade de medicina. Viveram anos naquele hotel, compartilhando banheiro e refeições com outros pensionistas. Só mais tarde vô João investiu em apartamentos e comprou um para cada filho e o seu próprio, na já citada Rodolfo Dantas.

Foi lá que Lalu assistiu, desolada, o "rapto" de seus filhos. Todos os três casaram naqueles anos de Rio de Janeiro. Com as noras, ela estabeleceu uma relação estável, mas não perdia a oportunidade de dar umas cutucadas, às vezes doídas, naquelas que roubaram seus filhos. Tio Jorge dizia que Lalu era "inimiga íntima" das noras.

Uma de suas vítimas favoritas foi minha mãe. Lalu dizia que Fanny veio atrás do meu pai no Rio de Janeiro depois que tiveram um namorico em São Paulo – e contava com ar sapeca, dando a entender que muitas coisas aconteceram antes do casamento. Para ela, minha mãe era uma "grã-fina", termo muito utilizado para designar mulheres afetadas pela cultura e etiqueta. E minha mãe era mesmo. Mas foi muito corajosa e apaixonada: moça judia, requintada, culta, paulistana, desafiou as regras do judaísmo e largou tudo para casar com um médico baiano de família de roceiros. Intelectualmente, os três filhos de Lalu eram bem sofisticados, claro, o que era surpreendente pela origem que tiveram.

O acervo de histórias de Lalu com minha mãe, e com todos nós, ganhou volume quando ela veio morar conosco em São Paulo, depois da morte de vô João. A pequena indígena repartiu o quarto com meu irmão mais velho e assim passou dois anos com a gente, sem que eu soubesse o motivo. Mas todos nós adoramos a companhia dela, eu principalmente. Tinha algo em torno de 12 anos e passava as tardes do lado dela, depois da escola, ouvindo suas histórias e contando as minhas.

Minha mãe também procurava tratá-la bem, não era louca de enfrentá-la (ninguém era). E o jeito para agradá-la era com comida. Lalu comia muito, adorava comer, comia de tudo um muito. Mas não reconhecia isso de jeito nenhum. Ao contrário. Vivia reclamando de "gastura" e chegou a espalhar a falsa notícia de que tinha câncer no estômago. Pura ficção. Ela devorava tudo que aparecia, ainda que, sempre, reclamasse da comida. Coçava a cabeça com o cabo do garfo e comia muito com as mãos, fazendo pequenos bolinhos de misturas. Invariavelmente adicionava uma banana no prato, criando essa estranha cultura entre nós. Mas reclamava. Dizia que gostava de fígado e que minha mãe nunca fazia para nós. Então um dia, minha mãe fez uma porção especialmente para ela, que foi servida na mesa. Lalu olhou aquilo ressabiada, se serviu de tudo, comeu até se fartar, mas não tocou no fígado. Minha mãe então perguntou: «Dona Eulália (era a única que a chamava assim), a senhora não quer experimentar o fígado? Está uma delícia!». Pra quê?! Imediatamente, Lalu consolidou a expressão "delícias de Fanny", com uma carga de sarcasmo e ironia caprichada. Ela não tinha gostado do modo com que o fígado tinha sido preparado. Na verdade, só queria implicar, porque no fim comeu tudo. E encontrou um modo de cutucar minha mãe até o fim da vida. Os pratos que minha mãe preparava (na verdade, ela pesquisava receitas sofisticadas, mas tinha empregadas que faziam a parte pesada) eram imediatamente rotulados de "delícias de Fanny", o que não deixava de ser verdade. Lalu comia tudo, lógico, até porque minha mãe tinha excelente gosto culinário. Mas não deixava de repetir o jargão de maneira ácida e jocosa. Logo a expressão espalhou-se para o mundo inteiro, ou seja, para os parentes baianos e, principalmente, tio Jorge. E, passando por ele, ganhou notoriedade e muitas ramificações divertidas. Minha mãe apenas ouvia com resignação e tratava de segurar as pontas com a velhinha. Até que um dia Lalu sentenciou: "Fanny é uma mulher muito pedante". Minha mãe ficou indignada, reclamou, pediu apoio do marido e dos filhos, mas tudo que pôde fazer era, mais uma vez, reconhecer que com Lalu ninguém podia. Até que um dia, tio Jorge apareceu e perguntou pra mãe: "Lalu, porque Fanny é pedante?". Lalu deu um sorrisinho safado, sinal de que lá vinha bomba: "Falei isso não. Falei que ela era mutcho (muito) peidante. Peidja (peida) mutcho, oxente!". Isso, para tio Jorge, era ouro puro, rendia dois anos de piada no mínimo e, na verdade, a piada dura até hoje.

Além disso, minha mãe ficava furiosa com a maneira que Lalu protegia meu pai. Descaradamente. Dizia que "Fanny" não era uma boa mulher para o filho dela, não dava atenção que ele merecia, e que ela só pensava em trabalhar. Perguntava sempre se "Joquinha" tinha comido e dizia que ele se alimentava mal porque minha mãe não cuidava dele. Meu pai não fazia nem um gesto, não dava bola para a disputa entre elas, e não socorria minha mãe, sempre na defensiva, perdedora humilhada. Tudo que a gente fazia era rir, porque, já sabíamos, com Lalu ninguém podia.

Ela tinha 82 anos quando foi morar com a gente. Era totalmente surda, mas conseguia ouvir um pouco graças a um aparelho que usava pendurado no sutiã (praticamente não tinha peito). Também não tinha dentes, usava dentadura. Quando ia dormir, tirava a dentadura e o aparelho e eu achava muita graça nela. Fumava um cigarrinho horroroso, fedido, no qual dava duas tragadas e guardava a ponta para "mais tarde". Chamou minha mãe de "peidante", mas era ela a que mais fabricava gases – e repetia: "Deus me fez furada para não morrer sufocada". Passava o dia todo em casa, caminhando com passos pequenos, suspirando de uma maneira muito peculiar, esperando para conversar com alguém, normalmente eu. Às vezes eu saia para passear com ela e com o Papai (o papagaio) e o trio chamava a atenção do povo do então tranquilo bairro de Higienópolis.

Lalu era velhinha, mas não era nada boba. Fazia aniversário no dia 2 de fevereiro (dia de Iemanjá, nossa querida santa do amor) e meu irmão mais velho, querendo ser esperto, resolveu dar um presente pra ela. Tinha uma coleção embolorada de notas de dinheiro antigas, que não tinham o menor valor, pois a moeda havia mudado. Ele achava que Lalu não sabia disso, e deu de presente a ela a sua coleção como se fosse uma montanha de dinheiro. Lalu ficou surpresa, admiranda com tanto dinheiro, e agradeceu muito o neto. Passam-se dois meses, e chega o aniversário do meu irmão. Lalu vai no seu armário, pega as mesmas notas que havia ganhado, e dá de presente para ele, com uma carinha de sonsa que não enganou ninguém. Ela podia aparentar estar sendo enganada, mas nunca, nunca mesmo, isso aconteceu.

Histórias não faltam dessa mente imaginativa e astuta e, quando ela morreu, prometi a mim mesmo que iria escrever um livro sobre ela (apesar de ainda não ser um escritor naquela época). Aqui, é só uma amostra do que será esse livro em breve.

Capítulo 18

O Golpe

"*Tereza Batista Cansada de Guerra*" é uma obra de imensa importância na bibliografia de Jorge Amado, principalmente devido às circunstâncias que envolveram a sua criação – não só o cenário político do país como, também, devido a questões familiares.

Como ele mesmo dizia, trata-se do livro que mais aborda a violência. Há violência à criança nas mãos de um capitão inclemente, a violência da tia que vende a menina, a violência sexual, a escravidão... Tereza só encontra a paz quando se torna prostituta. Nesse momento do livro, quando ela já está em Salvador, Tereza comanda uma greve de prostitutas, sobre a qual tio Jorge tinha muito orgulho de ter inventado. Quem poderia imaginar uma greve dessas a não ser ele? Ocorre, no entanto, que pouco tempo depois de o livro ser publicado, circulou a notícia de que de fato houve uma greve de prostitutas na França.

Em 1975 uma campanha do governo francês contra o "rufianismo", ou seja, a prática de viver às custas das prostitutas exercida por maridos, filhos, irmãos e parentes em geral, prejudicou o trabalho das meninas: os hotéis não queriam alugar quartos para elas e, na rua, elas perderam segurança – a ponto de serem perseguidas e espancadas pela própria polícia. A situação ficou tão tensa que em 2 de junho de 1975 (hoje considerado o dia internacional delas), um grupo de prostitutas invadiu a igreja de Saint-Nizier, em Lyon, em protesto às condições com que estavam sendo tratadas. A repercussão foi enorme em toda a França e fora dela, principalmente porque a população apoiou o movimento. Duzentas prostitutas percorreram as ruas distribuindo impressos com denúncias de perseguição policial, e uma carta foi enviada ao então presidente da França, Giscard d'Estaing. E a greve se estendeu para outras cidades francesas, como Paris, Marselha e Grenoble. Uma semana depois, a polícia invadiu a igreja de Lyon e expulsou as meninas, encerrando de maneira abrupta o movimento. A greve terminou, mas as prostitutas de Lyon entraram para a história. E inspiraram, anos mais tarde, um grupo de garotas de programa de luxo a fazer greve de sexo com os banqueiros, na época da crise financeira internacional, em 2008. Elas exigiam linhas de crédito para compra de casa própria e que os banqueiros cumprissem com suas responsabilidades sociais. Foi constrangedor a ponto de precisarem solicitar intervenção do governo para acabar com o movimento.

Se tio Jorge estivesse vivo nessa época, teria se divertido muito com a história. Mas quando ele narrou a greve liderada por Tereza, nunca tinha ouvido falar nesse tipo de movimento. A sua intenção era dar dignidade e capacidade de reivindicar às mulheres que sempre viveram à margem da sociedade, desprezadas, incriminadas, maltratadas. Uma parte da crítica, no entanto, não entendeu assim. Fizeram uma interpretação totalmente equivocada, acusando Jorge Amado de estimular a prostituição, de dar um papel inferior à mulher, de ser machista. Ele ficou sentido com essa interpretação, mas, para seu consolo, esse tipo de crítica só ocorreu no Brasil. No exterior, foi bem diferente. Na Itália, por exemplo, foi criado um grupo feminista com o nome de Tereza Batista e, desde que publicou o livro, o número de fãs mulheres aumentou consideravelmente – com frequência recebia cartas de elogio ao livro, algumas dizendo que a história de Tereza Batista tinha mudado completamente a vida delas. Essas manifestações deixavam-no realmente feliz.

Mas um fato muito triste aconteceu enquanto ele terminava de escrever Tereza Batista: a morte de Lalu. Nossa querida rainha chegou no fim da vida e todos nós entristecemos. O que haveria de ser a nossa vida sem a presença de Lalu, de suas histórias, sua graça, seu sarcasmo, sua inteligência, seu jeito baiano e simples de ser? Eu era adolescente e amava profundamente minha avozinha. Depois de passar dois anos com a gente em São Paulo, tinha voltado a Salvador, à casa do Rio Vermelho, e lá gradualmente foi se entregando à morte. Uma das cenas mais tristes da minha vida foi vê-la em seu quarto, agonizando, sem que eu pudesse fazer nada, segurar em sua mão e tocar em seus cabelos tão lisos, gestos que sempre fiz ao longo da nossa relação. Hoje, me incomoda de uma maneira muito estranha constatar que o quarto onde a vi por último é mais uma sala de exibição de imagens da Casa de Jorge Amado, onde me hospedei tantas vezes. É um sentimento muito pessoal e nada tem a ver com a qualidade e oportunidade desta espécie de museu no Rio Vermelho. Ao contrário, é um lugar imperdível para turistas que vão a Salvador.

Nessa época eu lembro como a tristeza se abateu sobre nossa família. Meu pai, que era ainda muito fechado, ficou mais macambúzio ainda. E a imagem que eu guardo de tio Jorge daqueles momentos é seu gesto típico de quando sofria com algum problema ou questão: passava a mão pela cabeça repuxando os cabelos. Usei esse gesto por anos para explicar as grandes entradas que ele tinha na cabeça, quase formando uma careca – ao contrário do meu pai, que sempre teve muito cabelo.

Mas antes disso, houve o golpe militar de 1964. Desta vez, no entanto, ao contrário do golpe de 1937, Jorge Amado não entrou em guerra, como ele qualificava sua atuação durante a ditadura de Getúlio.

Eu lembro de discussões dentro da família, lideradas por tio Jorge, sobre política e das sombras que se aproximavam irrefreáveis. A instabilidade da geopolítica, do conflito da guerra fria, estimulada por eventos como a Revolução Cubana e a ascensão de um presidente mais progressista (João Goulart), confrontado por um movimento de direita que uniu as representações mais conservadoras do país – como a classe média, a imprensa e políticos oportunistas – foi decisiva para o golpe militar e os mais de vinte anos de ditadura sangrenta que se seguiram a ele. Desta vez, no entanto, tio Jorge foi deixado em paz – mais ou menos. Apesar de algumas ameaças, não chegou a ser preso e nem explicitamente perseguido, como ocorreu na primeira ditadura. Mas sua vida pública sofria mais do que nunca uma ambiguidade terrível. Por um lado, estavam aqueles que cobravam uma participação política de esquerda da forma com que Jorge Amado fazia antes – na base da militância, da literatura engajada, "proletária". E torciam o nariz para seus livros mais românticos, bem humorados, que celebravam a vida. Por outro lado, a sua fama de comunista militante e engajado causava-lhe problemas junto às instituições.

Só para se ter uma ideia da fama de militante comunista que ele tinha, em 1961, ele foi convidado pelo presidente Juscelino Kubitschek para ser embaixador do Brasil na República Árabe Unida, a RAU. Era um país novo, criado com finalidade política, em que o Egito e a Síria se fundiram na tentativa de formar uma nação "pan-árabe", e que também era chamado de Arábia. Ser embaixador numa situação tão instável não parecia ser o melhor dos negócios. Mas, na verdade, tio Jorge não queria sair da Bahia, a não ser para fazer viagens específicas. Ele teria que morar no Cairo e, naquele momento, não lhe interessava sair de Salvador. De modo que recusou o convite.

Mas o mais constrangedor dessa história é que quando a imprensa soube do convite, reagiu imediatamente. Mais especificamente, o jornal O Globo que, num editorial, reclama veementemente da escolha de um comunista, militante do partido, para representar o Brasil no Oriente Médio. Não se levava em conta que ele já havia se desligado de suas conexões partidárias. A fama manteve-se para sempre.

O golpe de 64 foi um baque muito forte para todos nós, principalmente nos anos que se seguiram. Tio Jorge foi um crítico feroz. Mas a essa altura, muito mais velho do que na época de Getúlio, sabia levar a crise com mais jeito – e, sem dúvida, com mais humor. Daí vem uma história curiosa que ele contava de vez em quando.

Havia um certo amigo dele, um professor alemão, comunista bem sectário, daqueles que carregam a foice e o martelo no bolso, que cismou de vir para o Brasil e tio Jorge teve que convencer Jânio Quadros, na época presidente, a emitir um visto para ele, o que não era muito adequado porque o Brasil não tinha relações diplomáticas com a Alemanha Oriental, que fazia parte do bloco soviético. Enfim o tal professor veio, mas não teve muita sorte porque chegou bem na época do golpe militar. Instalado no Rio, onde ficaria por dois meses, ele ligou para tio Jorge cheio de preocupação e perguntou se a situação era grave. "Gravíssima", disse tio Jorge. "Mas por que todo mundo diz que a situação é grave e em seguida me conta uma piada? A situação é grave ou, não é?", pressionou o professor. "Já disse", respondeu tio Jorge, "A situação é gravíssima. Isso me lembra uma piada de um general..."

A essa altura da vida, era bem mais fácil encarar as dificuldades com humor, inclusive adotando-o em sua própria literatura. Isso não quer dizer que ele tenha se "alienado", como alguns críticos supunham, lembrando que a polícia não o perseguia como fazia com todos os intelectuais de esquerda.

E havia bons motivos para não ser perseguido. O primeiro deles era o fato de ser um escritor internacionalmente conhecido e admirado. Sua fama já não se restringia mais ao universo soviético, a intelectuais de esquerda ou a correntes socialistas. "*Gabriela*", "*Dona Flor*" e "*Tereza Batista*" tinham sido recorde de venda em dezenas de países, inclusive Estados Unidos e países europeus. Uma prova disso é que a Metro, companhia de cinema americana, comprou os direitos autorais de "*Gabriela*", passagem que já foi contada anteriormente. Ele era uma espécie de embaixador cultural do Brasil e isso o protegia do assédio político. Os militares não estavam assim tão seguros a ponto de prender e torturar um dos brasileiros mais famosos do mundo.

Também no Brasil, sua popularidade era cada vez maior. Em 1961 foi eleito para a Academia Brasileira de Letras e ganhou moral. Ele sempre se pronunciou muito honrado por ter sido escolhido, e não duvido disso, mas havia um sorrisinho de canto de boca quando se referia a esse assunto. Na verdade, o ritual da Academia era pomposo demais para um baiano que vivia de bermuda e camisas floridas. O humor, porém, lhe salvava das situações embaraçosas e ele gostava de encontrar alguns velhos amigos escritores e intelectuais que frequentavam a Academia. Participou de algumas reuniões em que se servia um chá insuspeito para um público formado principalmente pelos mais idosos, também chamados por ele de "velhinhos caquéticos". Não era o chá, no entanto, que atraía a frequência, mas sim o cachê, o jeton, que cada um dos membros tinha direito apenas por participar das reuniões. A Academia lhe conferiu reconhecimento e "imortalidade", além de algumas piadas familiares e alguns benefícios consideráveis – os "imortais" têm, ironicamente, direito a um túmulo financiado pela instituição, regalia que não foi devidamente aproveitada por Tio Jorge, já que ele, assim como meu pai e tio James, sempre optaram pela cremação. De todo jeito, a Academia nunca fez o estilo de tio Jorge que, de fato, passou boa parte da vida criticando-a pela inutilidade, imobilismo e critérios políticos para eleger seus membros. E no discurso de posse a primeira frase, lapidar, do texto, foi: "chego à vossa ilustre companhia com a tranquila satisfação de ter sido intransigente adversário dessa instituição". O texto, longo, é um tanto dúbio: parece ser elogioso, mas ao mesmo tempo é crítico ou pelo menos causa uma certa desconfiança. Nem preciso dizer que isso virou piada dentro da família – e por anos. Lembro de rir dessa história durante um almoço na casa dos meus pais com a família inteira vinte anos depois, já que na época da posse, eu era muito criança.

Mas a sua popularidade deu um salto real com as adaptações de seus livros para a TV. A primeira delas foi, provavelmente, "*Gabriela*", feita pela TV Tupi – mas sucesso mesmo foi a adaptação de 1975 feita pela Globo com Sônia Braga no papel principal. E em 1976, Bruno Barreto foi muito bem sucedido ao adaptar "*Dona Flor*" para o cinema, conquistando o mercado internacional e tornando-se o filme brasileiro de maior bilheteria no país por décadas – ultrapassou a marca dos dez milhões de espectadores. A partir de então, muitas versões para teatro, cinema, televisão foram baseadas em suas obras e muitas delas de excelente qualidade, principalmente os filmes brasileiros.

Claro que ele aceitava vender os direitos de suas obras, até porque isso dá um bom dinheiro e ele não tinha outra fonte de renda a não ser seus livros. Conversamos uma vez longamente a respeito dessa questão, porque afinal eu me envolvi na produção da peça "*Grapiúna*", baseada no livro autobiográfico da sua infância. Ele tinha uma visão interessante sobre as adaptações. Para ele, eram como uma obra à parte, com autor e resultados próprios. Como se ele não tivesse nada a ver com isso, nem mesmo expectativas. O autor da adaptação era o adaptador. Parece muito óbvio, mas quase nenhum autor pensa assim no exercício do zelo exagerado pela sua obra.

E, de fato, tio Jorge só via vantagens nessas adaptações, principalmente para a TV. Ele dizia que, assim, suas ideias eram propagadas para um público muito maior que, de outra maneira, não teriam acesso a elas, incluindo pessoas analfabetas, iletradas e até mesmo sem condições de comprar livro. E, se isso aumentava a ira dos críticos mais à esquerda, tornava-o ainda mais popular. O fato é que a sua fama na época do golpe de 1964, deu-lhe uma proteção extra contra o assédio dos militares e do aparato repressor. Mas também havia um outro motivo que lhe garantia um certo sossego.

Ao longo de toda a sua juventude e militância política, tio Jorge radicalizou-se não só no pensamento e atitude literária, mas também na vida pessoal. Seus relacionamentos, suas grandes amizades, tinham ligação com a política de esquerda, quando não eram comunistas de fato. Esse tipo de critério produziu muitas autocríticas à medida que a juventude ficava para trás juntamente com sua militância política. Ele passou a condenar incisivamente o sectarismo, os limites e os critérios pessoais do pensamento radical de esquerda que tanto fez parte da sua vida. O resultado disso foi que rapidamente a amplitude de suas amizades aumentou muito. Para ele, já não havia mais a divisão: "os bons são de esquerda e os maus, de direita", como antes ele pregava. Há bons na direita e maus na esquerda, pensava esse novo Jorge Amado, muito mais flexível e generoso. Graças à fama e ao carisma que sempre teve, logo ele foi cercado de um universo eclético de verdadeiros amigos, o que passou a ser uma característica sua até o fim da vida. Por essa razão, ele foi, por exemplo, grande amigo de José Sarney, a quem considerava também um colega das letras. E muitos outros que representavam tendências políticas conservadoras de direita. Isso não quer dizer, absolutamente, que ele tenha "trocado de lado" como muitos críticos insistem em divulgar.

O fato é que depois do golpe, suas amizades com o universo golpista contribuíram enormemente para isolá-lo de uma provável perseguição do governo militar. Entre essas amizades encontra-se, por exemplo, a que formou com Wilson Lins, escritor baiano também, mas envolvido com a política depois do golpe. Tinha relacionamento com os militares e chegou a ter cargos importantes durante a ditadura. Wilson Lins o protegia das insinuações repressoras do regime.

É claro que o cenário não era tranquilo. Muitas vezes ele falava que estava "preparado para o que der e vier", incluindo ser preso ou ser novamente conduzido ao exílio. O medo era constante, até porque não tinha como evitá-lo diante das notícias cada vez mais frequentes de prisões e tortura de amigos, parentes e conhecidos. Uma época em que nin-

Foto tirada à beira da piscina da casa do Rio Vermelho onde tio Jorge estava sempre cercado de visitas. Aqui, um amigo controverso: José Sarney. Eram ligados pela literatura, mas não apenas. Paloma, filha de tio Jorge, foi secretária de Sarney durante seu mandato de presidente.

guém realmente podia descartar o medo como um sentimento constantemente presente. Além do mais, tio Jorge continuava combativo, sustentando seus ideais e criticando o regime militar sem reservas – dizia, inclusive, que muito do que falava para a imprensa era retirado de suas entrevistas por censura e até mesmo autocensura das publicações. Nelas, defendia os estudantes, reivindicava anistia aos presos políticos, combatia a censura, denunciava os abusos do poder constituído. E se irritava tremendamente com as provocações dos jornalistas insinuando que ele havia abandonado os ideais de esquerda: "Sou e sempre serei socialista", ele dizia. Mas também dizia que tudo o que interessava a ele era escrever, seu único "ofício", como gostava de definir.

Entre 1964 (ano do golpe) e 1968 (ano do AI-5) a censura às manifestações culturais eram desorganizadas e imprevisíveis. Em relação aos livros, segundo tio Jorge, o único a sofrer com os militares foi Ênio Silveira, proprietário da Editora Civilização Brasileira, muito atuante na época. Ele chegou a ser preso algumas vezes por motivos diversos, certamente por suas ligações com o PCB. E muitos dos livros que editava foram apreendidos pela polícia. Tio Jorge contava um episódio dessa época, em que Castelo Branco, presidente, enviou um bilhete a Ernesto Geisel, que era chefe do Gabinete Militar, questionando essas prisões. "Pra que isso? Só para depor? E a repercussão é péssima. Isso é terror cultural", teria escrito ele.

Mais tarde, a censura cultural foi regulamentada e foi implacável, impedindo até mesmo manifestações inocentes. Não visava apenas ideias políticas, mas também o que chamavam de "imoralidade", ou seja, tudo que considerassem como tal, sem nenhuma objetividade.

Mas os livros gozavam de uma condição especial: não tinham censura prévia. Enquanto músicos, compositores, jornalistas, cineastas, teatrólogos tinham que submeter seus trabalhos aos censuradores antes de torná-los públicos, os escritores podiam publicar seus livros sem esse procedimento prévio. Era um benefício, mas também um risco. Caso ocorresse o recolhimento dos livros após a publicação, o prejuízo era certo. Por esse motivo, muitas editoras, principalmente as pequenas, "consultavam" os censores antes de editar seus livros, para evitar surpresas posteriores.

Mas em 1970, houve uma tentativa de instaurar censura prévia também para livros por meio de uma legislação específica. Tio Jorge reagiu firmemente. Ele e Érico Veríssimo, os dois escritores mais vendidos no Brasil, se juntaram para alardear publicamente o repúdio a esse novo procedimento. Mais do que reivindicar, faziam ameaças graves por meio de um manifesto público. Eu vi tio Jorge rabiscar esse texto: "Em nenhuma circunstância mandaremos os originais de nossos livros aos censores, nós preferimos parar de publicar no Brasil e só publicar no exterior". Ambos tinham totais condições de, de fato, fazer isso acontecer. O que seria uma vergonha desmedida para o governo militar.

E funcionou! O governo recuou e publicou uma nova portaria isentando os livros de censura prévia. Foi uma grande vitória. O fato, no entanto, é que esse tipo de censura seria inexequível. Que batalhão de censores instruídos, capacitados, preparados seria necessário para ler todos os livros com publicação agendada? Mesmo depois de publicado, não havia um procedimento de censura aos livros. Isso só acontecia sob denúncia, o que não era exatamente raro. Lembro da indignação que nos acometeu todos da família Amado quando o livro "Feliz Ano Novo", de Rubem Fonseca, foi retirado de circulação por causa de um conto em que o autor narra um assalto explorando detalhes de grande violência – nada além do que realmente acontecia na realidade. Esse é só um pequeno exemplo, mas muito próximo porque Rubem Fonseca era muito amigo dos meus tios, Jorge e James.

Nesse sentido, tio Jorge não teve problemas. Ao contrário, tomou uma atitude muito positiva em relação à repressão. Dizia sempre que a censura, a perseguição política, não o impediam de escrever da sua melhor forma, com suas melhores ideias e opiniões. "Se você quer escrever, é você, a máquina e só. Nada te impede. Se você diz que não escreve por causa da censura, é porque não quer escrever", dizia ele sempre.

A prova disso é que em 1969, ele escreveu "Tenda dos Milagres", aquele que considera o seu melhor romance. E Pedro Arcanjo, o seu melhor personagem. Um livro que trata da formação da identidade brasileira, da miscigenação, da luta contra o preconceito e, principalmente, da consciência de que as ideias não devem se sobrepor ao espírito do ser humano. Mas longe de ser um livro de ideias, é antes de tudo um romance, exemplo inconteste do gênero. Assim, os anos 70, apesar do golpe, da morte de Lalu, das críticas abusivas, da censura e da violência, começaram em alta para tio Jorge – e permaneceriam assim por muito tempo.

Capítulo 19

Ser Escritor

Enquanto eu fazia faculdade de biologia, também escrevia contos de maneira discreta. Até que escrever foi se sobrepondo à ciência e no prazo de dois anos eu já estava decidido a seguir a carreira de escritor – e a abandonar a biologia.

Mas como fazer isso pertencendo à família Amado? Tinha que anunciar isso a meu pai, por ser meu pai, a tio James, por ser o "literato da família" e a tio Jorge, por ser Jorge Amado. Na verdade, tirando o profundo ar de decepção inicial do meu pai, fazer esse anúncio oficial foi muito mais fácil do que eu pensava. Difícil, claro, foi seguir a carreira. Depois de escrever alguns contos e um romance rudimentar, criei coragem para mandar algo mais elaborado para os tios. Foi muito bom contar com eles nesses primeiros momentos da vida literária. Mas, com uma advertência implícita: só vai ter essa atenção especial no começo. Depois, a carreira é sua.

Foi exatamente o que aconteceu. Então eu fui para a Europa, naquela viagem de um ano e meio, e voltei para reassumir a faculdade de jornalismo. Além de ter escrito crônicas e matérias para algumas pequenas publicações brasileiras, voltei trazendo embaixo do braço o manuscrito de um romance que seria, mais tarde, o meu primeiro a ser publicado, o "*Vá à Luta!*".

Então era hora de enfrentar os fatos. Meus amigos e conhecidos diziam que a carreira de escritor seria "fácil" para mim, por pertencer à família Amado, como se ser escritor fosse semelhante a um cargo público ou a um lugar na corte abençoada por sinecuras. Não tem como você ser "ajudado" a ser escritor pelo tio famoso. É preciso escrever, escrever sempre, escrever muito e então talvez você possa ser um escritor. Além disso, é preciso ganhar a vida, trabalhar, afinal escrever livros não é uma atividade realmente sustentável.

Lembro de uma conversa entre João Ubaldo e tio Jorge. Àquelas alturas, João Ubaldo já era um ator bastante conhecido e admirado. Seu segundo romance, "*Sargento Getúlio*", tinha feito sucesso e ganhado o prêmio Jabuti de 1972 e ele despontava como uma espécie de sucessor de Jorge Amado – baiano também, muito criativo e talentoso. Acontece, no entanto, que apesar de ter boas vendas, seus livros não rendiam o suficiente para sustentá-lo, ele tinha que se desdobrar trabalhando em outras atividades, principalmente no jornalismo, profissão que solicita muito. Até que um dia, usufruindo da amizade com tio Jorge, perguntou-lhe qual era o segredo para viver dos livros. Antes de mais nada, respondeu-lhe tio Jorge, você tem que escrever muitos livros – uma verdade tão simples quanto óbvia. Jorge Amado escreveu mais de 40 livros, se incluídos aqueles por encomenda ou de ocasião. É bem diferente do que ter escrito dois ou três, ainda que bem sucedidos – como era o caso de João Ubaldo àquela época.

A partir do momento em que me tornei escritor, meu relacionamento com tio Jorge começou a mudar progressivamente. Já não era aquele sobrinho criança e adolescente que passava as férias em Salvador. Além de todas as histórias que nos aproximava desde sempre, agora tínhamos uma coisa em comum, guardada as devidas proporções.

Eu não queria indicações de editoras, críticas favoráveis, contato com celebridades literárias, nada disso. Queria apenas ouvir seus conselhos e experiências como escritor – e, nesse sentido, nosso contato foi muito bom.

A primeira lição que tive com ele foi a de ser honesto. Estou me referindo à honestidade na literatura, à prática de sua verdadeira personalidade, seu verdadeiro caráter no que escreve. Tio Jorge teve muitas oportunidades de fingir ser o que não é. Nunca entrou por esse caminho. Poderia, por exemplo, ter sustentado sua militância no PCB, poderia ter usado uma carreira política, como deputado ou senador, para escrever romances que pudessem promovê-lo, enfim, sabe-se lá quantos caminhos ele poderia ter tomado para se beneficiar sem praticar a honestidade. Mas ele nunca pensou nisso. E se sua maneira de ver o mundo, de praticar literatura, de procurar seu lugar na sociedade foi sempre marcada pela honestidade consigo mesmo. Talvez esse tenha sido um dos motivos, entre tantos, que provocou uma certa hostilidade por parte de alguns setores da imprensa e da intelectualidade em geral. As vozes independentes incomodam.

Ser independente, essa foi uma lição que ele me deu. Ou ter a minha própria voz, a minha própria carreira, os meus próprios sucessos e fracassos. Comparo a minha carreira de jornalista com a de escritor. Ao longo de mais de 40 anos trabalhando em redações de revistas da grande imprensa, tive que fazer exatamente o que os chefes, donos, diretores exigiam que eu fizesse. Apenas obedecia, como todos os trabalhadores. Sempre digo que o jornalista não passa de um peão da caneta (da máquina de escrever, do computador). Não tem independência, não exerce suas vocações, apenas obedece. Em um ou outro momento, talvez, você consegue escrever o que pensa, apurar uma reportagem que considera realmente importante ou influenciar na linha editorial de uma publicação. Mas é raro. Normalmente o jornalista que está lidando com esse nível de decisões é porque faz o jogo de poder necessário para estar lá. Há algumas exceções que parecem justificar o glamour que se atribui ao jornalismo. Mas são raras. Eu sei porque passei por todas essas situações.

Mas é perfeitamente possível, e recomendável, praticar a literatura de acordo com o que você deseja, até porque é difícil não ser assim. Quando escrevo isso, estou evocando minhas próprias experiências, mas, na verdade, quero me referir à prática literária de Jorge Amado, voltando então à questão da honestidade e liberdade – assunto muito conversado entre nós depois que me tornei escritor.

Na década de 1940, Jorge Amado, já um escritor de sucesso, com uma obra sólida, se envolveu decisivamente com o Partido Comunista. Até então, ele era filiado à Juventude Comunista e não estava diretamente envolvido com as atividades partidárias. Colocava-se sempre contra o regime de Getúlio Vargas e todas as perigosas manifestações de extrema direita que ocorriam mundo afora, principalmente na Europa – como o nazismo e a fascismo. Tinha a paixão, a crença, a adesão a Stalin, União Soviética e o pensamento comunista em geral. Mas não era um militante. Apenas queria escrever com honestidade aquilo que sentia, vivia e buscava em termos estéticos e de conteúdo.

Mas isso muda na década de 1940, quando se filia ao Partido Comunista e passa a ter uma militância efetiva. A ponto de irradiar essa militância na sua obra. Especificamente quatro obras refletem essa militância: "*O ABC de Castro Alves*", "*O Cavaleiro da Paz*" (biografia de Luís Carlos Prestes), "O Mundo da Paz" e "Subterrâneos da Liberdade". São livros importantes porque se consolidaram como documentos de uma época e de um pensamento. Mas nada mais. Literariamente, é o seu pior momento. Opinião que ouvi dele mesmo algumas vezes e completamente endossada por mim. Nessas obras não se pode dizer que ele foi desonesto, mas não teve liberdade. A militância sufocou sua literatura. E depois de "Subterrâneos da Liberdade", que escreveu no final da década de1940 até começo da de 1950, Jorge Amado nada escreveu por 8 anos, um silêncio que nunca fez parte da sua profícua carreira. Até recomeçar com novos ares, sem compromissos e com total liberdade. completamente honesto consigo mesmo. O livro que marcou esse recomeço? "*Gabriela Cravo e Canela*", seu maior sucesso nacional e internacional.

Muita gente, ao longo da vida, me perguntava que tipo de influência o meu tio famoso exercia sobre a minha carreira de escritor. Isso aconteceu e acontece com frequência e é o aspecto negativo de ser sobrinho de Jorge Amado: ter as eventuais conquistas julgadas como fruto do meu parentesco e não dos meus méritos. Mas se nossas conversas sobre literatura eram próximas, as questões relacionadas à minha carreira sempre foram muitos distantes.

Um exemplo é meu segundo livro, "*Os Últimos Super-Heróis*". Eu tinha 26 anos quando terminei de escrevê-lo e não sabia ainda o que iria fazer com ele. Mas, basicamente, o de sempre: mandar para algumas editoras e esperar ser aprovado. Uma dessas editoras foi a Record, que, na época, editava os livros de Jorge Amado. Mas eu não queria ser identificado como sobrinho. Então pedi para minha mãe mandar o original sem me identificar. O editor, Jeferson de Andrade, leu o livro e achou que o autor era mulher, porque há um trecho no livro escrito na primeira pessoa do feminino. E só quando aprovou mesmo a edição do livro é que ficou sabendo quem eu era. E me escreveu uma carta contando toda essa história – que guardo até hoje como uma espécie de documento.

Coincidentemente eu estava na Bahia quando ele me mandou a carta. Mas estava no litoral sul e completamente incomunicável. Depois de um bom tempo, fui para Salvador, claro, encontrar minha família. E quando cheguei todos já sabiam que meu livro iria sair pela Record. Os dois tios, tio Jorge e tio James, me encontraram aflitos, ansiosos, por me dar a boa notícia. Tio James repetia várias vezes "agora você é um escritor de carreira" e emendava um conselho.

Tio Jorge, mais tranquilo, ponderado e cheio de orgulho, procurou não dar muita importância ao fato como se não fosse nenhuma surpresa para ele eu ter sido aprovado por uma grande editora. Mas eu sabia que todos estavam muito entusiasmados com meu livro e, lógico, muito mais eu.

Mas para muitas pessoas, e isso ao longo da vida, eu fui aprovado na Record por ser sobrinho de Jorge Amado e, também de Zélia Gattai, que já tinha publicado algumas de suas obras memorialistas. E não há nada o que fazer. Mas o importante nessa história não é o sentimento de injustiça, mas a atitude de tio Jorge: manteve sempre a mesma postura de não interferir em nada na minha trajetória, o que me fez muito bem.

Mas a minha relação com ele de escritor para escritor foi se intensificando nos seus últimos vinte anos de vida. E eu me considero muito privilegiado por ter tido acesso e interesse por parte dele em conversar comigo sobre literatura.

E daí que veio a segunda lição para um romancista: o mais importante são os personagens. De tanto tio Jorge martelar essa máxima eu acabei aprendendo. Não adianta ter a melhor história, a mais inédita e interessante, se você não dá vida e alma aos personagens. Só eles podem sustentar um romance. A melhor prova são os próprios livros de Jorge Amado: todos eles, pelo menos os melhores, têm personagens marcantes, protagonistas que deixam lembranças nos leitores pela vida que possuem. E nada melhor para ilustrar essa ideia do que os quatro grandes personagens femininos que marcaram sua obra: Gabriela, Dona Flor, Tieta e Tereza Batista.

Quando comecei a conduzir oficinas literárias para romances, as quais batizei de "Desafio do romance", incorporei essa preciosa lição de tio Jorge e tentei, insistentemente, convencer meus alunos a respeito deste fundamento. Muitas vezes, em vão. Há uma tendência, principalmente entre escritores iniciantes, de fazer prevalecer a forma, frequentemente de maneira abusiva, exagerando nas técnicas de linguagem, ou na "pirotecnia", como dizia tio Jorge.

É claro que uma boa história e ambientação contribuem para a qualidade do romance. E foi justamente a bem sucedida fusão desses três elementos que deram qualidade à obra de Jorge Amado e erigiram uma identidade única, exclusiva e, principalmente, brasileira.

Foi isso que chamou a atenção do editor Alfred A. Knopf, fundador de uma das editoras mais bem sucedidas do mundo que leva seu próprio nome – embora tenha sido fundida com a Random House. Knopf se interessou instantaneamente pelas obras de Jorge Amado e muito cedo, por volta de 1945, publicou "*Terras do Sem Fim*" – um dos primeiros editores internacionais a publicar algum livro de tio Jorge. O interessante é que o livro despertou um enorme interesse do editor pelo Brasil, embora tenha preferido evitar a publicação dos livros mais engajados politicamente, mais militantes. Sua atenção voltou-se para Jorge Amado em 1960, quando publicou "*Gabriela, Cravo e Canela*" e vendeu muito – o livro frequentou a lista dos mais vendidos nos EUA durante um bom tempo. Daí vieram muitos outros e Knopf se tornou um grande amigo de tio Jorge. Era uma característica sua criar amizades com seus autores, um editor de estilo "antiquado" – e, durante um bom tempo, ele publicou alguns dos melhores autores norte-americanos e europeus. E também veio para o Brasil várias vezes, mais especificamente para a Bahia. Eu o vi um par de vezes vagando pela casa de tio Jorge com seus bigodes brancos, às vezes pitando um cachimbo. Era muito alto, andava meio envergado e parecia constantemente admirado com tudo o que via. Daí soube que ele tinha casado pela segunda vez, depois de ficar viúvo, e o casamento tinha sido lá na Bahia. Fiquei imaginando aquele gringo derretendo no sol da Bahia em pleno casamento.

O fato é que os americanos, alguns pelo menos, desenvolveram uma consistente paixão pela obra de Jorge Amado. Além de vender bem seus livros, foi muito respeitado e admirado, apesar de suas convicções socialistas. Claro que durante um bom tempo ele foi impedido de entrar nos EUA, mesmo tendo convites formais de instituições e universidades. Até que essa barreira acabou e ele foi professor convidado da Penn State, uma boa universidade que o acolheu com grande admiração e apreço. Passou seis meses lá nos anos 80 e até hoje é citado como um visitante ilustre e tem seus fãs. Mais tarde, depois que Knopf morreu, tio Jorge assinou um contrato com a Bantam Books que deve ter sido, na época, um dos mais vultuosos do mundo. Recebeu 250 mil dólares para ter seus livros publicados nos EUA. Era dinheiro que não acabava mais.

Ele foi ficando cada vez mais bem de vida, claro. Um sinal claro disso é que sua generosidade se transformou completamente. Generoso sempre foi, mas modesto e de repente deixou de ser modesto. Se antes, dava cinco cruzeiros para nós, passou a dar cinquenta. E era assim mesmo: enfiava a mão no bolso, tirava um maço de nota e distribuía para a garotada. Que ninguém ousasse nunca fazer qualquer crítica a tio Jorge.

Outro país que sempre teve adoração por tio Jorge foi a França. Esse amor é um tanto irônico porque afinal ele, que amava Paris, foi impedido de entrar no País por 16 anos e por motivos muito mal explicados. Quando finalmente o mal entendido se desfez, tio Jorge e tia Zélia passaram a ir praticamente todos os anos para Paris. O presidente Miterrand, que governou a França por 14 anos, era fã de tio Jorge, com uma ligação mais do que literária com ele. Miterrand foi um líder do Partido Socialista francês que, na década de 1980, resgatou totalmente a importância política e literária de Jorge Amado colocando-o como um dos intelectuais mais influentes e importantes do mundo no século XX. Em 1984, Miterrand outorgou a comenda da Legião de Honra a tio Jorge, um prêmio que nenhum brasileiro tinha ganhado antes. Foi muito emocionante para ele devido a esse passado conturbado, de proibição de entrar na França, a sua segunda pátria. Em 1948 deram a ele 15 dias para sair do país e ele e tia Zélia largaram toda a sua vida para trás para atender ao prazo, depois de dois anos de vida estável e tranquila. E ao entrar no Jardin d'Hiver (Jardim de Inverno) quase 40 anos depois, para receber a comenda, tio Jorge esteve a ponto de chorar. Esse acho que foi um dos momentos mais emocionantes dentro da família (já que o Nobel não aconteceu mesmo).

Mas a partir dessa época, quando eu já tinha assumido que seguiria escrevendo, toda vez que eu o encontrava era uma emoção diferente. Eu tinha um monte de perguntas para fazer. Todas ligadas ao "ofício" algumas eram bobas, ingênuas, outras nem tanto. Lembro de uma delas, em que conversamos sobre as dificuldades de se começar um romance – e, claro, ele falou muito mais do que eu. Disse que nunca tinha claro como seriam os personagens e a história. Normalmente sabia quais "espaços" seriam ocupados – usou esse termo mesmo. Eu fiz uma cara de entendido, mas, depois de uns dez minutos, não segurei mais: "Mas tio, o que é esse espaço?". A explicação que ele me deu é típica de um escritor. Mais do que isso, de um romancista, um narrador. "Espaço" são os temas pelos quais circulam cada personagem. Se o personagem é pescador, o espaço dele é o mar, a jangada, a praia, uma garota que aparece, a chuva e outros elementos que compõe a trama daquele espaço. Não é apenas um lugar, mas também uma ordem de tempo. E é isso que ele define antes de iniciar o romance: um esboço de personagem e um "espaço" dele. Não acredito que ele tenha sempre usado esse procedimento, mas faz sentido. Não tem nada de acadêmico ou de técnico. É completamente intuitivo. Impossível ensinar, quase impossível entender.

Também foi uma grande descoberta conversar sobre suas influências e seus caminhos literários. Influências ele teve bastante. Uma delas, que me causou muita admiração, foi a de John dos Passos. Eu estava descobrindo a obra dele e tinha acabado de completar a leitura de sua trilogia USA, uma das mais importantes peças literárias do romance moderno. Eu estava completamente envolvido por aqueles livros e coincidentemente ao conversar com tio Jorge ele citou justamente John dos Passos como uma de suas principais influências. Fiquei interessado, claro, e comecei a bombardeá-lo de perguntas. Ele havia conhecido John dos Passos nos Estados Unidos e toda comunidade socialista admirava o escritor pelo seu empenho na Guerra Civil Espanhola. Além dos mais, ele tem um nome português, porque seu pai era da Ilha da Madeira. Segundo tio Jorge, dos Passos foi importantíssimo, "trouxe grandes progressos à técnica do romance" – referindo-se ao seu estilo narrativo não linear, que utiliza uma colagem de textos para compor o romance. Sartre considerava dos Passos "o grande escritor de nosso tempo" e sempre admitiu ser influenciado por ele. E saber da opinião de tio Jorge foi para mim uma revelação.

Essa identidade também se devia ao fato de dos Passos ser um socialista. Mas nem tanto. No fim da vida ele mudou completamente suas ideias políticas e apoiou o Partido Conservador, inclusive a candidatura de Ronald Reagan. Ele veio algumas vezes ao Brasil e escreveu o livro *"Brazil on the Move"* (Brasil em Movimento) no qual aposta no desenvolvimento do país baseado na força de trabalho da população – e nem tanto na natureza.

Um fato muito importante desta época foi o II Congresso dos Escritores, realizado em 1985. O primeiro congresso, realizado em 1944, teve uma importância vital devido ao cenário político da época – e o mesmo aconteceu em 1985. Tio Jorge foi um dos que organizou o evento de 1944, que ocorreu no Teatro Municipal de São Paulo. O regime de Getúlio Vargas estava em crise, contestado por vários motivos, entre eles a sua hesitação em tomar partido dos aliados na II Guerra Mundial. Como acabou fazendo um acordo com os EUA, seu governo, baseado em censuras, prisões dos adversários e na falta de liberdade, fragilizou-se diante da contradição: como entrar numa guerra contra o fascismo e manter, ao mesmo tempo, uma ditadura? Nesse ambiente, o congresso sobressaiu-se por suas reivindicações democráticas e ampla participação de celebridades intelectuais e políticas. Ao final do encontro foi apresentado um manifesto exigindo liberdade de pensamento e um governo eleito pelo povo por meio de eleições diretas. No ano seguinte, Getúlio libertaria os presos, suspenderia a censura e convocaria eleições para presidente e para a constituinte.

Em 1985, a situação foi parecida. Pela primeira vez em mais de 20 anos, um presidente civil assumiria o governo ainda que tivesse sido eleito indiretamente. Tancredo Neves, no entanto, foi hospitalizado e não tomou posse – no momento do Congresso, o presidente empossado era o vice, José Sarney, que, como tal, fez o discurso de abertura do evento. Pairava, naquele momento, uma grande dúvida: Tancredo sairia do hospital com vida? Caso contrário, Sarney seria o presidente? Ou haveria novas eleições? Seria possível Ulysses Guimarães, presidente do Congresso, e preferido da população, assumir o cargo?

Eu já tinha lançado dois romances naquela época e participei do evento como escritor, me misturando aos colegas que estavam lá para assistir ou fazer alguma apresentação. Pra mim, aquilo tudo era uma grande novidade e viver aquele ambiente era emocionante. Mas eu esperava tio Jorge, que tinha sido anunciado, embora eu soubesse que ele estava com viagem marcada para Paris já fazia tempo. Seria um momento marcante encontrar tio Jorge num congresso como aquele. Mas não deu certo. Justamente quando ele apareceu, meio de surpresa, e fez um depoimento, eu não estava presente. E ele ficou minutos no local, saindo em seguida apressado para embarcar num voo no aeroporto de Guarulhos.

Alguns anos depois, ocorreu uma das poucas vezes em que fiquei, ao lado de minha mãe, magoado com ele. Soubemos que Thomas Colchie, seu agente literário nos Estados Unidos, tinha sido designado por tio Jorge para fazer sua biografia oficial e, para tal, teria recebido um adiantamento de 100 mil dólares da editora Penguin. Eu e minha mãe ficamos revoltados, não pela quantia em dinheiro, que isso não era da nossa conta. Mas pelo fato de tio Jorge ter concordado que um americano, fosse quem fosse, faria sua biografia oficial, em vez de um escritor brasileiro. Haveria tantos e tão capazes, precisando fazer um trabalho desses, que não parecia nada justo entregar uma tarefa tão nobre a um estrangeiro. Não que eu pretendesse escrever a biografia: não sou biógrafo, não me considero vocacionado ou mesmo atraído para uma tarefa tão técnica, que exige tanta pesquisa e precisão. Mas escritores brasileiros preparados para isso não faltavam. Entre nós, eu e minha mãe, resmungamos motivos políticos e interesseiros por essa escolha e talvez não estivéssemos errados. Esse assunto ficou ausente de nossas conversas por todos esses anos, sem que nenhum de nós enfrentasse um esclarecimento – nem mesmo tio Jorge, que sabia do nosso descontentamento. O fato é que a tal biografia nunca saiu. O livro "*Jorge Amado: Biography*" chegou a ser anunciado uma certa época, mas foi só um alarme falso. Toda essa história já seria suficiente para produzir pelo menos uma pequena mágoa em nós, da família, pelo mau uso de nosso Amado tio. Mas houve também um contato pessoal desagradável. Thomas Colchie estava em São Paulo e ligou para minha mãe à procura de alguma coisa que tio Jorge tinha deixado com ela. Ele combinou de ir na casa dos meus pais pegar esse objeto e, gentilmente, perguntou à minha mãe se ela desejava algum livro dos EUA – ele mandaria o que ela quisesse. Sem dúvida, gentil. Minha mãe perguntou se eu queria algum livro que não tivesse sido publicado no Brasil e, de fato, eu queria ler um certo autor húngaro que ainda era desconhecido entre os brasileiros. Minha mãe anotou o pedido e me convidou para estar presente na visita do Sr. Colchie. Apesar da oferta gentil, ele foi explicitamente antipático com minha mãe e, principalmente, comigo. Era um senhor arrogante e deveria ter feito muito esforço para conquistar a simpatia de tio Jorge, que não admitia tipos assim.

Capítulo 20

Morte

Eu olho para trás, para aqueles tempos em que os velhos viviam – meus pais, meus tios – e é como se eu me conectasse novamente num estilo de vida completamente diferente do que os anos posteriores reservaram a mim. Não é exatamente saudade, mas a sensação de ter vivido intensamente dentro daquela família que já não existe mais. Uma sensação de satisfação plena. Uma inveja de mim mesmo, porque sei que poucos viveram aquilo da forma que vivi.

Minha filha, Isabela, minha Bebel, não teve esse privilégio. Ela nasceu em março de 2002, poucos meses depois da morte de tio Jorge (agosto de 2001). Foi um ano de emoções fortes e paradoxais, nem é preciso dizer. Já o meu filho, Filipe, nascido em 1988, teve uma relação com tio Jorge típica de todas as crianças da família: muito boa.

Ele gostava de crianças. Mais do que isso, tinha um jeito especial com elas, uma maneira instantânea de fazer amizade e logo aprontar alguma farra. As fotos de Filipe com ele são eloquentes: os dois sempre abraçados, o menino no colo dele, ele fazendo cócegas, dois moleques aprontando com a vida. Foi com ele assim, assim foi comigo.

Por mais que ele fosse famoso, assediado constantemente, admirado com gestos intensos de afeição, por brasileiros e estrangeiros, nós, no convívio familiar, não o encarávamos como celebridade. A sensação é de que ele era a nossa celebridade, exclusiva. Por trás dele, sim, havia o grande escritor, o grande brasileiro, o grande homem. Mas isso estava em segundo plano. Em primeiro plano estava aquele tio maluco, generoso, carinhoso e muito divertido.

Talvez esse fato explique a minha total falta de interesse em conhecer celebridades em geral, inclusive na minha área, a literatura. Apesar disso, conheci muitos escritores e de vários tenho ótimas lembranças. Mas o meu interesse sempre esteve, a princípio, apenas no que escreviam. É como se eu já tivesse conhecido celebridades em número suficiente.

Nos últimos anos de vida, tio Jorge começou a fazer um tipo muito engraçado. Ele vestia sempre umas camisas floreadas, muito coloridas, e tinha uma enorme coleção delas. Nunca vi ninguém usar esse tipo de camisa a não ser em shows folclóricos no Havaí. Além disso, usava bermudas o tempo todo, bem largas, confortáveis. Como cultivou uma barriga razoável, fazia uma figura meio desconjuntada. Quando não estava descalço, usava umas sandálias bem simples, que podiam ser encontradas em qualquer canto da Bahia. Era assim que ficava dentro de casa, seja no rio Vermelho, no nosso apartamento em Higienópolis ou em qualquer lugar que estivesse hospedado, desde que, é claro, o clima permitisse. Quando saía para algum lugar – e não era exatamente algo que gostava de fazer, sempre preferia ficar em casa – compunha um personagem exótico. Cismou em usar sempre uns bonés meio esquisitos, não exatamente de bom gosto. Os amigos mais próximos exploravam esse detalhe para se divertir às custas dele. E também não dispensava um acessório importantíssimo: uma bengala, que nunca usava de fato porque, na verdade, não precisava. Era apenas algo que segurava para compor seu tipo. Sempre teve bigode que, quando mais velho, ficou inteiramente branco, combinando com a vasta cabeleireira, geralmente revolta e longa, igualmente branca. Seu ar bonachão ficou ainda mais predominante. Gordo, bonachão, carinhoso com as crianças: esse era o velho tio Jorge.

Como todos os Amado masculinos, era muito ansioso e a idade não atenuou essa característica. Se tinha que sair, ficava pronto bem antes de um horário razoável e atazanava a vida de

A partir de uma certa idade, tio Jorge adotou, além das camisas coloridas, um boné, quando estava fora de casa. Às vezes usava também uma bengala, embora não tivesse nenhum motivo para usar qualquer dos dois.

tia Zélia fazendo pressão para ela se aprontar. Ela ria e fazia piada, acostumada com o estilo do marido e tio Jorge não se abalava com isso. Lembro de Lalu dizendo: "Jorge é avexaaaado", com aquele sotaque típico baiano.

Mais velho, continuou sempre muito presente em todas as situações familiares, mas diminuiu o ritmo e passou a falar um pouco menos. Algumas vezes fez comentários sobre a diferença entre o escritor novo e o velho. Ele dizia que, quando era jovem, atravessa as noites escrevendo em grande velocidade, irrefreável. E tinha muitas ideias, muitas histórias para contar, de tal modo que poderiam ser desdobradas em vários livros. Essa característica permaneceu com o tempo, nunca lhe foi um problema ter ideias e histórias para contar. O que mudou foi o ritmo. Ele dizia que, na juventude, tinha a sensação de que tudo o que escrevia era ótimo, mas mais velho, desenvolveu mais a autocrítica, refazendo mais os textos, exigindo mais profundidade e qualidade do que escrevia. Mas jovem ou velho, ele não travava ao escrever um livro – seguia sempre em frente, num fluxo contínuo, com energia e convicção. Todos os escritores que conheci, inclusive eu mesmo, relatam momentos em que não conseguem continuar com o livro ou vivem dificuldades momentâneas ou passam horas, dias, tentando superar uma situação difícil. Acontece com todo mundo. Menos com tio Jorge. Como é possível ter tanta facilidade para escrever, criar personagens, tecer histórias, sempre com uma voz poderosa e incomparável? Mistérios da vida...

Lembro também que, mais velho, tio Jorge me fez uma revelação surpreendente, e de uma maneira muito casual: a sua grande paixão pelo cinema. Ele atribuía uma influência muito grande do cinema sobre a literatura – e não o contrário, como seria de se esperar vindo de escritor. Mais especificamente, sobre a estrutura narrativa. As cenas cinematográficas, os diálogos, os cortes, a narração sintética ofereceram uma nova perspectiva narrativa à literatura e é incontestável essa influência – dizia ele. De fato, é possível identificar essa influência, principalmente nos romances escritos a partir da primeira guerra ou da década de 1920, quando deu-se início ao que ele classificou como "romance contemporâneo".

Mas o que tio Jorge desejou mesmo foi produzir para o cinema. Teve muito contato com cineastas importantes, até pelo fato de ter sua obra adaptada para o cinema, e chegou a entrar timidamente nesse universo, mas nunca fez o que de fato desejava. Em certa época, quando jovem, chegou a pensar na possibilidade de se envolver de fato, assumindo funções de assistente de direção ou de roteiro para poder evoluir e se firmar nessa carreira. Mas nunca aconteceu. Também chegou a cogitar e a receber convites para escrever novela na televisão. Era um gênero literário que ele admirava e respeitava, e também autores e obras. Mas alegava que estava condicionado a pensar sempre em romance, que não conseguia se desvencilhar deste formato, ainda que desejasse. Apesar desse condicionamento, tio Jorge escreveu uma única peça de teatro, a pedido da atriz Bibi Ferreira, na década de 1940: "*O amor do Soldado*", baseado num romance tórrido de Castro Alves. Nada significativo.

Embora tenha sido um velho divertido, bem de vida, cercado de amigos e família, produzindo e viajando, tio Jorge reclamava da idade com uma frase tão simples quanto típica dele: "a velhice é uma merda", resumia um conceito filosófico de grande profundidade. A verdade é que ele tinha medo de doença, de hospital e da morte – e nunca escondeu isso.

Foi um fumante inveterado. Daqueles que acendem um cigarro no outro e tem manchas de nicotina na mão. As fotos antigas mostram o escritor muito mais com cigarro na mão do que com uma caneta. Mas em determinado momento, conta o folclore familiar, ele teve algum problema de saúde, algo relacionado ao sistema respiratório. Foi ao médico a contragosto, porque, com exceção do irmão dele, não gostava de médicos. O doutor, amigo da família, era, naquela época (década de 1950) já um combatente da nicotina, muito embora o cigarro fosse considerado inofensivo e fumar, um hábito social, até charmoso. Mas o médico sabia dos males que a fumaça poderia causar e alertou tio Jorge: "pare de fumar ou você morrerá!". Isso bastou para o homem ficar apavorado e no dia seguinte parar de vez, largando o hábito em que consumia "três carteiras de cigarro", como se dizia antigamente. O problema de saúde de tio Jorge era absolutamente irrelevante, mas ele nunca mais pôs um cigarro na boca – o que, convenhamos, é mais um motivo para admirá-lo.

Era conhecido por ter horror a sangue. Lalu contava essa história de maneira peculiar. Ela queria que tio Jorge, o filho mais velho, fizesse medicina. Mas ele não aceitou. "Jorge, tadinho, tem medo que se "péla" de sangue. Não pode ver não". Dizia Lalu, sempre acrescentando o "tadinho" em tudo que se referisse negativamente aos filhos. E como o "tadinho" precisava ser "doutor" por exigência do coronel

João, tio Jorge foi fazer direito, formou-se, mas nunca foi pegar o diploma. "Fazer o quê?", dizia Lalu, conformada, "ele se apegou a essa coisa de escrever e eu não me meto, não". A missão de honra sobrou para o segundo filho, Joelson, meu pai, "menino estudioso de dar orgulho", dizia Lalu, manifestando seu favoritismo explícito.

Mas apesar de todos os seus pavores, tio Jorge teve uma atitude exemplar, verdadeiramente corajosa, no episódio da morte de Glauber Rocha, em 1981. No começo dos anos 1970, ditadura comandada pelo mais cruel dos presidentes militares, Emílio Garrastazu Médici, Glauber foi perseguido e ameaçado constantemente devido às suas opiniões sempre muito incisivas contra a ditadura e também devido aos seus filmes, transformadores e inquietantes, considerados subversivos. Assim, ele exilou-se na Europa e nunca mais voltou. Baiano brilhante, Glauber era inteligente e carismático, e tio Jorge adotou-o imediatamente. Era uma característica dele: adotar pessoas nas quais confiava, apostava, investia pelo seu talento e amizade. Glauber era como um filho para ele. E o destino lhe foi implacável.

Na ocasião de sua morte, Glauber morava em Sintra, Portugal, de onde pretendia fazer um novo filme e nessa época tio Jorge estava também em Portugal juntamente com João Ubaldo e suas respectivas esposas. Um belo dia, o telefone toca: era Glauber, avisando que havia sido internado com uma aparente infecção pulmonar. Coisa besta, excesso de cuidado dos médicos, alegou ele. Tio Jorge engoliu sua aversão a hospital e foi visitá-lo. Encontrou o cineasta abatido, os olhos esbugalhados, definhando. Acreditavam ser uma tuberculose que, depois, segundo tio Jorge, foi diagnosticada como câncer de pulmão – embora não tenha sido esse o diagnóstico oficial dos médicos. Durante um mês, os dois escritores, Jorge Amado e João Ubaldo, foram diariamente ao hospital acompanhar a agonia do cineasta. Foram dias traumáticos para tio Jorge, não só por ter que viver dentro de um hospital, mas, principalmente, por assistir o final trágico de seu amigo querido, quase um filho. Às vésperas da morte, Glauber foi removido para o Rio de Janeiro e acabou morrendo tão logo chegou, vítima, segundo o laudo final dos médicos, de septicemia ou infecção generalizada. Esse foi um dos momentos mais traumatizantes pelo qual passou tio Jorge, empurrando-o para um estado de tristeza que perdurou por todo um ano. Mais tarde, em 2014, a Comissão da Verdade formada para apurar responsabilidades nas torturas e mortes ocorridas durante a ditadura, encontrou documentos em que o governo militar ordenava a morte de Glauber Rocha por ele criticar abertamente, em entrevistas a publicações europeias, a ditadura brasileira.

No começo da década de 1990 tio Jorge teve um infarto. A notícia foi chocante para todos. Foi a primeira vez que eu percebi que ele era mortal, que um dia ele iria deixar todos nós órfãos. Meu pai, normalmente muito racional diante das questões relacionadas à saúde, ficou transtornado e mudo e imediatamente embarcou para a Bahia com o objetivo de saber todos os detalhes, assumindo o papel de médico da família. Em São Paulo, chegavam notícias verdadeiras por parte do meu pai e, nem sempre verdadeiras, por parte da mídia. Alguns jornais já o davam como morto, quando acontecia exatamente o contrário: ele estava bem, totalmente recuperado, e prometendo ter uma vida mais tranquila dali em diante. Meu pai voltou de Salvador animado, garantindo que a crise já tinha passado totalmente.

Mas ele mudou. Pouco depois esteve em São Paulo e passamos todos uma longa tarde junto, no apartamento de Higienópolis. Minha mãe fez um daqueles almoços memoráveis, com muitas "delícias de Fanny", e todos da família de São Paulo estavam presentes, inclusive a nova geração dos netos, bastante numerosa. Houve outros encontros posteriores, mas esse foi diferente porque resolvi fazer algumas fotos, principalmente dos três irmãos juntos, todos eles idosos. No fundo, eu achava que havia uma possibilidade de ser a última vez em que os três se encontravam – o que felizmente não aconteceu.

Nesse dia, conversei longamente com tio Jorge e falamos de tudo, namoros, livros, autores, mulheres, viagens, trabalho, dinheiro, tudo. Ele estava bem, mas mais quieto, menos brincalhão, talvez mais reflexivo. Entre os assuntos, comentei com ele como era dura a vida de escritor quando não se é Jorge Amado. Eu já tinha publicado romances, conduzia oficinas de criação literária, mas trabalhava muito como jornalista e não tinha tempo de me dedicar a projetos "pessoais" – ou seja, escrever livros de literatura. Reclamei para ele dessa situação e ele me deu algumas palavras de consolo. Disse-me que a fama e o sucesso – e consequentemente os recursos financeiros para a sobrevivência – eram totalmente circunstanciais, não dependia do mérito dos autores. É uma teoria bem amigável para quem não tem o sucesso que ele teve. Então ele concluiu com uma frase terminal: "Daqui a cinquenta anos, ninguém vai se lembrar de mim". Certamente eu o contesto, mas entendo os motivos que o fizeram chegar a essa conclusão – a temporalidade das nossas ações. Em outras palavras, o que ele queria me dizer – e o disse muito bem – é que não importa o sucesso, os números de venda, os elogios e críticas, um escritor deve sempre escrever, e era esse apenas o meu único equívoco. Como não dar razão a essa sabedoria?

Dias depois fui abordado por uma representante da revista Caras interessada em publicar as imagens do almoço como se fosse reportagem mesmo. Eu recusei. Não me agradou nem um pouco a ideia de expor nossa intimidade familiar para uma revista que estava apenas interessada no aspecto social do encontro. Provavelmente eu seja o mais rígido nesse sentido, já que o resto da família não se importa muito com isso.

A nossa família não se importa, também, com documentos, livros, registros, fotos que relembrem o passado ou as relações sociais e familiares. Livros de tio Jorge, por exemplo. Ele sempre dava um exemplar autografado para meus pais. E também para os sobrinhos, depois que ficamos adultos. Mas qualquer visita que fosse à nossa casa achava que tínhamos livros de Jorge Amado em quantidade e não hesitava em "emprestar" nossos próprios exemplares autografados ou não. E, claro, nunca devolviam. Minha mãe tinha o costume de periodicamente se livrar das "velharias" e assim devem ter ido para o lixo alguns documentos importantes da família que, na ocasião, ela fez pouco caso. As lembranças materiais nunca foram o forte da família Amado de São Paulo.

Já nessa época, tio Jorge tinha adotado uma dinâmica de vida não só "mais tranquila", mas também mais saborosa, pelo menos para seu paladar. Tinha comprado um pequeno apartamento em Paris (chamava de "mansarda") e vivia metade do ano lá e metade do ano na Bahia. Foi em Paris que ele teve uma outra crise, desta vez um edema pulmonar, e voltou ao Brasil. Depois de fazer uma angioplastia e colocar um marca-passo, a imprensa já preparava obituários sobre o escritor – e eu até fui procurado por um jornal para falar sobre a "morte" dele, segundo me disse a repórter recém saída da faculdade. Obviamente não me pronunciei.

O que a imprensa não sabia por falta de investigação ou zelo (até porque não era exatamente um segredo) é que o principal problema de tio Jorge não estava no coração ou nos pulmões, mas sim nos olhos. A exemplo do meu pai, que a essas alturas já estava quase completamente cego, tio Jorge também começou a apresentar degeneração nas retinas e foi perdendo a visão. Hoje, vendo em retrocesso, posso dizer que felizmente esse problema ocorreu somente quando tinha 80 anos, poupando-lhe de uma cegueira precoce como a do meu pai, que teve a doença aos 40 anos.

Perder a visão foi determinante na sua vida, ou melhor, na sua morte. De repente, ele já não podia ler, nem escrever. Apesar de já ter mais de 80 anos, ainda poderia muito bem ser produtivo e continuar fazendo aquilo que mais amava, a única coisa que sabia fazer. Foram feitas muitas tentativas, não só para recuperar sua visão, mas também, para oferecer soluções que permitisse que ele pelo menos pudesse ler. Uma delas era uma máquina desajeitada, que projetava a imagem das páginas do livro numa tela maior, aumentando significativamente o tamanho das letras. Mas era desconfortável e provavelmente pouco eficiente. Privado de sua razão de ser, tio Jorge entrou em depressão. A vida não lhe fazia mais sentido, apesar de estar cercado de parentes e amigos que o amavam. A depressão conduzia-o a um estado de catatonia em que ficava ausente, ainda que respondesse perguntas e obedecesse a comandos, do tipo "vamos almoçar" ou "termine de beber o suco". Essas ausências eram temporárias, mas com o tempo passaram a ter cada vez mais frequência. Quando ele emergia delas, dizia que era como estar sonhando, embora não lembrasse dos sonhos.

Lembro-me com precisão de nossa última conversa literária. Eu estava completamente encantado pelo escritor israelense Amos Oz. Não só eu – afinal, Oz era (e é) respeitadíssimo por sua voz literária e seus livros emocionantes, tocantes, poéticos, sensíveis. Eu estava preparando uma viagem ao Egito e tinha decidido que iria também a Jerusalém, em Israel, principalmente depois de ter lido o livro *Fiuma* de Amos Oz, que se passa naquela cidade. Então tio Jorge e tia Zélia vieram a São Paulo. Mas tio Jorge, já nessa época, não estava bem. Manifestava momentos de ausência, em que ficava com o olhar parado, em silêncio, um espectro sombrio do que sempre tinha sido, da agitação e alegria que sempre trazia para casa. Eu queria muito conversar sobre Amos Oz com ele, porque sabia que já tinham estado juntos. E tinha a intenção de fazer uma visita ao escritor quando estivesse em Israel. Tio Jorge, porém, estava calado. Disse-me: "Amos Oz, sim, um grande escritor. Vá visitá-lo. Mande um abraço", e calou-se. Normalmente, ele teria contado algum momento que passou com o amigo e teria feito uma piada ou comentado um fato engraçado sobre o encontro. Mas não. Ele já estava mergulhado naquele universo que o arrastou lentamente para sempre.

Bom, ele morreu. Todos morrem um dia e devíamos estar preparados para isso. Meu pai, que já tinha perdido a esposa, companheira por mais de 50 anos, sofreu com a morte do irmão. Claro, foi imediatamente para a Bahia a tempo de estar no velório. Eu não quis ir. Por vários motivos, profissionais e familiares (minha mulher estava grávida e não passava muito bem), e também porque sempre resisti em participar dessas despedidas fúnebres. Lembro apenas que me tranquei no quarto, sozinho, e permaneci algum tempo, a princípio chorando, depois pensando na importância que tio Jorge tinha na minha vida. Cheguei à conclusão que ele tinha sido muito importante como escritor, como ser humano, como político e em muitos outros papéis, mas o que mais sobressaia era a sua importância como tio. Foi verdadeiramente um tio no melhor sentido da palavra, o melhor tio do mundo. Saí desse refúgio e escrevi uma carta para tia Zélia em que lamentava a morte dele e relatava a minha conclusão.

Pouco tempo depois, tia Zélia foi a São Paulo nos visitar. Estava abatida, ainda muito triste com a perda. Lembro que a encontrei na entrada do prédio de Higienópolis, ambos chegando juntos para o almoço. Ela olhou para mim e disse "ai, que carta linda!" e me abraçou e ficamos assim por uns três minutos em silêncio, ambos soluçando levemente. Eu não disse mais nada. O assunto para mim tinha sido encerrado naquela carta, agora só restavam os gestos. Percebi que havia lágrimas nos olhos da tia Zélia, mas ela sorria. "Tanta coisa bonita que você sentiu pelo seu tio", disse, passando a mão no meu rosto. Entramos no elevador em silêncio, taciturnos, pensativos. "Ele sempre falou muito de você e gostava muito do Filipe", disse, referindo-se ao meu filho. E, de repente, rompendo o ciclo de tristeza, encarnou Jorge Amado e perguntou à queima roupa: "Você ainda está de cacho com aquela loirinha safada?". E rimos juntos de volta ao universo dos Amados.

Use o celular no QRCode para ver um vídeo inédito e exclusivo que o autor fez para registrar um pronunciamento de Jorge Amado em seu aniversário de 83 anos. Aqui, ele vai contar um pouco sobre sua infância em Ilhéus e algumas reflexões sobre sua vida de escritor.

Túnel do Tempo
(fotos inéditas)

Era um casal romântico. Tia Zélia e tio Jorge viveram mais de 50 anos juntos, sempre irradiando uma aura de afeto.

Tio Jorge com meu filho, Filipe Amado, em São Paulo, no apartamento dos meus pais em Higienópolis. Tio Jorge gostava de crianças, vivia agarrado com os pequenos da família.

Cena comum: tio Jorge em noite de autógrafo. Esta ocorreu em São Paulo, o que era muito comum. Eram noites cansativas, em que assinava até mil livros e colocava à prova sua resistência física.

Um momento familiar típico quando a família se reunia no apartamento de Higienópolis dos meus pais. À esquerda, meu irmão André e sua mulher, Maria Helena. Tio Jorge grudado no meu filho, Filipe, e cutucando o Daniel, meu sobrinho, filho do casal Paulo, meu irmão, e Ângela, à direita.

Tio Jorge se referia a tio James como o "literato da família". Com razão. Tio James marcou seu nome na literatura como editor, tradutor, produtor e escritor.

Os três irmãos, Jorge, James e Joelson, do lado "J" dos Amado, reunidos no apartamento dos meus pais em Higienópolis. Tio Jorge sempre se sentava nesse mesmo lugar à mesa. Não era comum tio James usar gravata, provavelmente ele estava aproveitando a viagem a São Paulo (morava em Salvador também) para fazer algum tipo de reunião.

Tio Jorge e tia Zélia no seu habitat mais natural, a casa do Rio Vermelho, hoje uma espécie de museu. Da agradável varanda pode-se apreciar o jardim de plantas nativas.

Mais uma cena dos concorridos almoços no apartamento de Higienópolis. Essa provavelmente foi a última vez que tio Jorge esteve lá. Essa foto, ao lado do meu pai e dos irmãos, foi tirada por mim.

Os velhos da família (todos já falecidos). Em pé, minha mãe, Fanny Amado, com sua irmã, Melanie Farkas (ou melhor, tia Nica). Sentados, Heloísa Ramos, tia Zélia, tio Jorge, meu pai e tio James.

Quando juntos, estavam sempre felizes, irmãos muito unidos: tio James, meu pai, tio Jorge.

Tio Jorge, tio James e meu pai na Casa do Rio Vermelho, sentados à mesa na qual se fazia as refeições e tio Jorge escrevia.

Os três casais, reunidos na casa do Rio Vermelho.
Zélia-Jorge, Fanny-Joelson, James-Luiza.
Foram grandes amigos, suave e alegre convivência.

Depois de um lauto almoço, na casa do Rio Vermelho, os dois irmãos compartilham sonhos.

Tio Jorge, em sua poltrona favorita, ao lado de tia Zélia e meu pai na casa do Rio Vermelho.

Os casais Jorge-Zelia, Fanny-Joelson. Tio Jorge vivia de bermudas. Meu pai também gostava de camisas coloridas.

Tia Zélia num dos concorridos almoços de sábado que minha mãe produzia. No aparador, ao fundo, talheres de prata e louça inglesa, ao lado de uma típica figa baiana, dão o tom ecletico destes almoços.

Heloísa Ramos, viúva de Graciliano Ramos, uma mulher inteligentíssima, muito agradável, a quem cheguei a chamar de "vó" quando muito pequeno (mas não era minha avó). Na foto, ao lado do meu irmão Paulo.

Mesmo tendo "conversa de adulto", como na cena, ele se agarrava com as crianças – no caso, com Filipe Amado.

Esse foi um bom momento dos três irmãos, idosos, mas ainda com saúde. Ao contrário do que muitos pensam, tio Jorge era comedido com bebida. Dificilmente bebia álcool. Preferia suco de frutas. Já meu pai e tio James... ambos gostavam de vinho.

Heloísa Ramos e Tia Zélia foram grandes amigas por décadas. Duas mulheres muito inteligentes e engajadas. Atrás delas, aquela que viria a ser também uma mulher inteligente e engajada, Flávia, na foto ainda uma criança, minha sobrinha.

Outra cena afetuosa entre meu pai e meu filho, ao lado de tio Jorge.

Tio Jorge, na rede, ri de alguma piada contada por seu filho, meu primo, João Jorge, contador de histórias divertidas.

Jorge Amado não era muito de conversas intelectualizadas e sérias. Preferia sempre contar "causos" engraçados, como nesta cena, em que tia Luíza, sua cunhada, filha de Graciliano Ramos, parece se divertir bastante.

O sorriso típico de tia Zélia, simpático e acolhedor, ao lado de tio Jorge, resistindo ao sono no nosso apartamento de Higienópolis, São Paulo.

O corte do meu cabelo identifica a época: anos 1980.
Aqui, entre tio James e meu pai, conversando com tio Jorge e João Jorge, em mais um almoço de sábado no apartamento em Higienópolis, São Paulo.

Tio Jorge fazendo uma rápida performance na tentativa de mostrar como as baianas dançavam no Carnaval, sob risadas e críticas dos irmãos Joelson e James.

Foto feita por mim em 1982, quando tio Jorge e família vieram nos visitar em São Paulo. Nesse momento, ele tinha acabado de receber a coleção completa de suas obras, produzidas pela Editora Record (sobre as mesa). Ao lado dele, tia Zélia, meu pai Joelso, tia Luíza, mulher de tio James e filha de Graciliano Ramos, o casal Mariinha e João Jorge, meu primo e filho mais velho de tio Jorge e tia Zélia e vovó Clara, mãe de minha mãe.

Minha mãe, Fanny Amado, adorava literatura, era muito respeitada na família, e gostava de puxar conversa com tio Jorge sobre livros e autores, como nessa cena. À esquerda, meu pai, Joelson Amado.

Família reunida num almoço com louça inglesa e jarra de prata – detalhes típicos da minha mãe. A partir da esquerda, tia Luíza, tia Zélia, tio Jorge e tio James. De costas, o casal Mariinha e João Jorge.

Os três irmãos e mais tia Zélia, atacando um cozido português, especialidade de minha mãe.

Tio Jorge contando um dos "causos" para os sobrinhos. A partir da esquerda, André Amado, eu e Paulo Amado, os três irmãos.

Na mesa dos drinques, os três irmãos aparecem juntos. Tio James, à direita, mexe no meu cabelo, ameaçando: "se você for para a Bahia com esse cabelinho, a baianada vai fazer um estrago". Na parede, um quadro a óleo em que eu sou o modelo, com três anos de idade, pintado pelo meu saudoso padrinho, Juca Moraes. Esse quadro está hoje em minha casa.

O casal, Zélia e Jorge, com meu filho recém
nascido, Filipe Amado, no final da década de 1980.

Tio Jorge, em mais um almoço no apartamento de Higienópolis, ataca um frango, acompanhado de meu pai (à esquerda), sua filha Paloma e seu sobrinho Paulo. Eu fiz a foto.

Mais uma cena na mesa dos drinques. As conversas que antecipavam o almoço se estendiam longamente. Momentos inesquecíveis.

Tio Jorge, falando sério, ao lado do meu pai e tio James.

Os cabeça-branca da família, todos já falecidos. Em primeiro plano, vovó Clara, mãe de minha mãe, depois Heloíza Ramos, tia Zélia, tio Jorge, meu pai, tio James. Em pé, minha mãe e sua irmã, tia Nica (Melanie Farkas).

Heloísa Ramos, a brilhante viúva de Graciliano Ramos, e tia Zélia, em almoço no apartamento de Higienópolis. Ao fundo, o telefone denuncia uma época.

O encontro dos três irmãos. Mesmo distantes, falavam-se por telefone frequentemente. Meu pai, se estava triste, ia para a Bahia, juntar-se a eles. Se estava feliz, também ia.

Tia Zélia com a nova
geração dos Amados de São Paulo.
Ricardo e Daniel, meus sobrinhos, e Filipe, meu filho,
mostrando sua musculatura.

Os almoços na casa dos meus pais, eram restritos à família. Minha mãe gostava de convidados, mas quando os baianos vinham, não havia espaço para ninguém mais.

No centro da foto, Paloma, minha prima, filha de tio Jorge e tia Zélia. Baiana por adoção, nasceu, na verdade, na antiga Tchecoslováquia, durante o exílio de tio Jorge.

Os abundantes cabelos brancos, e um enorme apetite, marcaram a velhice de tio Jorge, assim como a do meu pai.

Tio Jorge e tia Zélia estavam sempre juntos, num exemplo público de amor romântico.

Tio Jorge, era o mais velho dos irmãos. Com certeza, o mais famoso. Tio James, o mais inteligente. E no meio, meu pai, o queridinho de Lalu, a mãe. Afinal, ele era médico.

Meu pai (no meio), ao completar 60 anos, fez uma grande festa num sítio de amigos. Todos os baianos fizeram questão de vir. Tio James, à esquerda, e tio Jorge, à direita.

Nos anos 80, a família estava muito bem, todos com saúde e unidos e tio Jorge no auge da fama. A família de São Paulo (a minha) ia quase todos os anos à Salvador. Nessa foto, meu pai, entre tia Zélia e tio Jorge, na sala da casa do Rio Vermelho.

Qual era o maior desejo de tio Jorge? Voltar a morar na Bahia, viver de bermuda, usufruir do agradável clima baiano e de preferência numa rede.

Esta é, provavelmente, a última vez em que tio Jorge esteve no apartamento de Higienópolis.

Imagem de tio Jorge depois da volta do exílio, em seu apartamento no Rio de Janeiro.

Foto tirada à beira da piscina da casa do Rio Vermelho onde tio Jorge estava sempre cercado de visitas. Aqui, um amigo controverso: José Sarney. Eram ligados pela literatura, mas não apenas. Paloma, filha de tio Jorge, foi secretária de Sarney durante seu mandato de presidente.

Tio Jorge com tia Zélia e meu pai, Joelson, na Bahia, cercados pelo povo na cidade que amavam, Salvador.

Tio Jorge, já nos anos 80, gravando um depoimento para alguma rádio no apartamento de Higienópolis.

Os três casais. Décadas de alegre união. Fanny e Joelson, Jorge e Zélia e, em pé, James e Luíza.

Anos 80, tio Jorge, no auge de sua fama, no apartamento de Higienópolis, sempre vestido com camisas coloridas.

Tio Jorge, meu pai, e vô João, no apartamento do Rio de Janeiro, anos 50.

Tio Jorge, minha mãe, Fanny, tia Zélia e meu pai, Joelson.

Com tia Zélia e meu irmão, Paulo. As conversas após o almoço no apartamento de Higienópolis se estendiam horas a fio.

Os três irmãos, em lançamento de um dos últimos livros de tio Jorge, numa livraria de São Paulo. Sempre que se reuniam, eram obrigados a posar para todos os tipos de fotógrafos, amadores ou profissionais.

No apartamento de Higienópolis, tio Jorge, todo de branco, com meu filho, Filipe, eu e minha sobrinha, Flávia. Anos 90.

Tio Jorge com um dos seus grandes amigos da Bahia, o pintor Calazans Neto (à esquerda), ilustrador do livro *"Tiêta do Agreste"*.

Momento muito íntimo. Tia Zélia e tio Jorge na Bahia, visitando amigos.

Outras obras publicadas de Roberto Amado

Vá à Luta! (romance)

Os Últimos Super-Heróis (romance)

As Aventuras de Iakti, o Indiozinho (infanto-juvenil)

Festas na Água (reportagem)

Vozes do Clima (reportagem)

É Fácil Escrever Bem para o Enem (educativo)

CATÁLOGO DE LIVROS PUBLICADOS PELA IBRASA